KANADA

Antje Burkhardt · Regula Zweifel · Michael Larrass

terra magica

Vorsatz: Bisons
Seite nach Vorsatz vorn: Totems im Stanley Park, Vancouver Island
Seite 1: Die einzige Nationalflagge der Welt mit einem Pflanzenblatt als Alleinmotiv
Vorhergehende Seite: Schwarzbär (Ursus americanus) in Britisch Kolumbien
Seite vor Nachsatz: Eisbären an der Hudson Bay
Nachsatz: Ein paar von den 300 Cowboy-Pferden auf der riesigen Douglas Lake Ranch (über 20 000 Rinder) bei Merrit, Britisch-Kolumbien

Fotos:
Antje Burkhardt: Seiten 6, 7, 9, 11, 13, 16–18, 20 o. + u., 21, 23, 24–28, 30, 38–48, 54, 56/57, 63, 64, 68–75, 77, 82, 86–88, 96–121, 123, 125, 131, 134, 135 r.,138, 139, 143–147, 149, 152, 153, 161, 162 o., 167, 176 u., 183–186 o., 187–189, 193 u., 197 u., 198–201, S. v. Nachsatz, Nachsatz
Regula Zweifel: Seiten Vorsatz, S. n. Vorsatz, Seiten 1, 3, 8, 10, 14/15, 19, 20 M., 22, 29, 31, 32–37, 49–53, 55, 58, 61, 62, 65–67, 76, 78–81, 83–85, 89–95, 122, 124, 126–130, 132, 133, 135 l., 136/137, 140–142, 148, 150, 151, 154–160, 162 u., 163–166, 168–176 o. + M., 177–182, 186 u., 190–193 o. + M., 194–197 o., 202
Text (ohne Bildlegenden): Michael Larrass
Lektorat: Samuel Bieri
Bildredaktion und Bildlegenden: Verlag
Produktion: Verlagsservice Dr. Helmut Neuberger & Karl Schaumann GmbH, Heimstetten
Gestaltung Cover: Wolfgang Heinzel
Printed in EU

ISBN: 3-7243-0403-X (978 3 7243 0403 6)

Inhalt

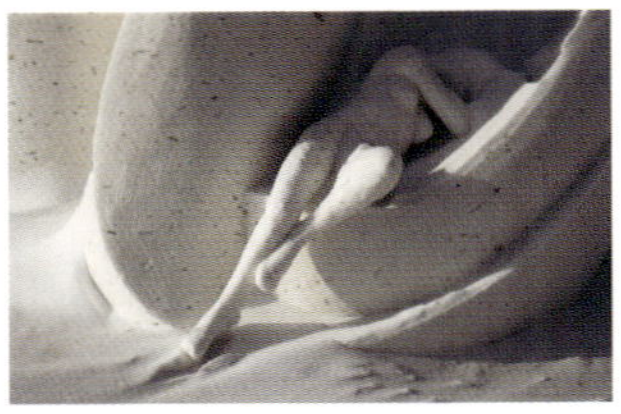

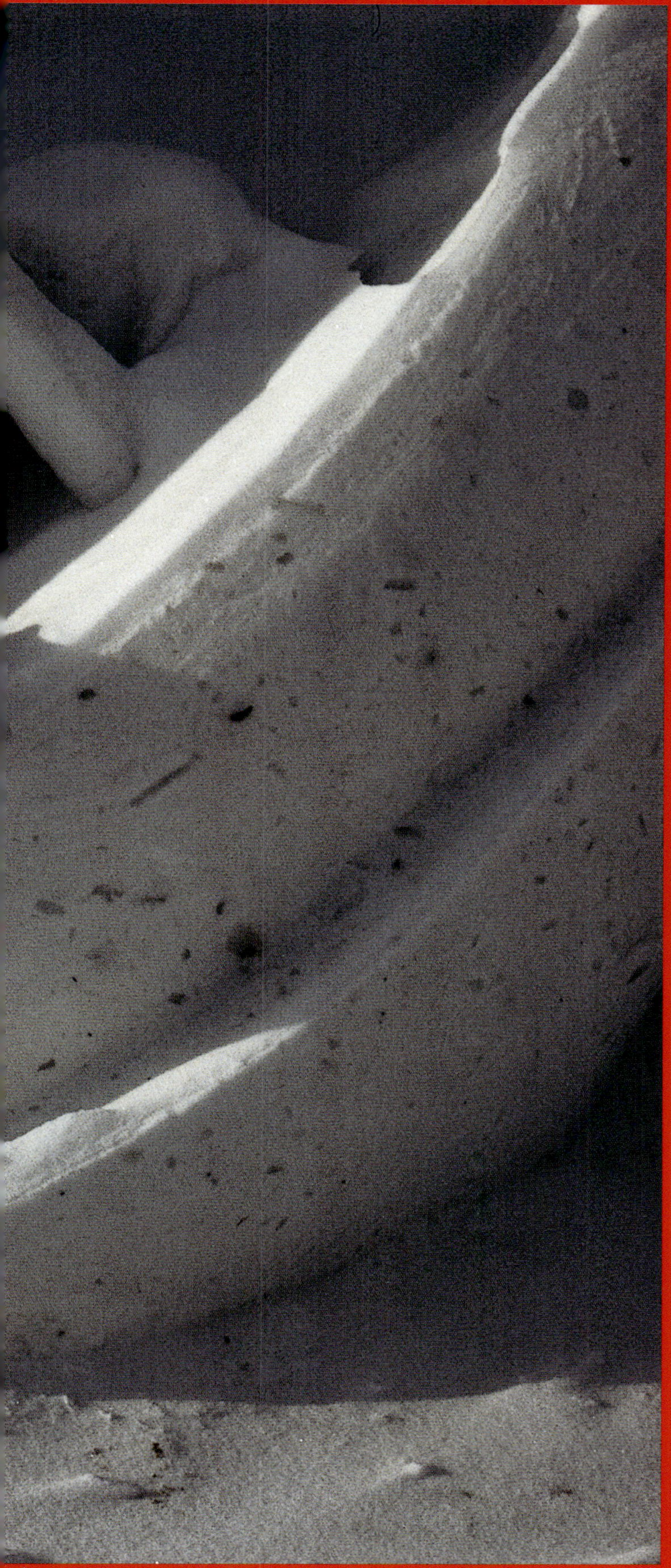

Anflug aus Europa

Oben *Spurt zu dritt auf acht Beinen: Viehtrieb auf einer Ranch*

Links *Erotisch, eiskalt und schnell vergänglich (Québec Stadt)*

Fliegt man, der normalen Flugroute folgend, über Neufundland nach Kanada ein, tauchen etwa vier Stunden nach Verlassen der europäischen Küste plötzlich vereinzelte Inseln auf, gefolgt von einem Festland, das sich gleich darauf wieder in eine Unzahl von kleinen Seen auflöst. Neufundland ist die Insel der – ja wie viel tausend Seen eigentlich? «Ein Wunder, dass das Zeug überhaupt schwimmt!», ist der trockene Kommentar eines Mitreisenden. Kurz danach ist man schon wieder über offener See. Und dann, wenn man schließlich die Küste von Labrador überfliegt, geht es gleich im selben Stil weiter. Wahrscheinlich stimmt es doch, dass jeder Kanadier seinen eigenen See mit einer Hütte hat. Von Straßen sieht man allerdings nicht viel. Aber dafür gibt es Flussläufe und Kanus; das hat man ja in der Schule gelernt, und in den Touristikbroschüren war auch davon die Rede.

Was für den Touristen eine Freude ist – die große Weite der unberührten Natur Kanadas – ist für den modernen Bürokraten, der sein Land auf dem globalen Marktplatz vermarkten will, eine Herausforderung. Hier gilt es, sich als dynamische, technologisch fortgeschrittene, urbane Gesellschaft mit großen Metropolen darzustellen, wo der Weg zu einer möglichst großen Kundschaft möglichst kurz ist und wo auf Wettbewerb und Höchstleistung gedrillte Arbeitskräfte in den Startlöchern stehen. Auch damit kann Kanada aufwarten. Tatsache ist jedoch, dass allem Vermarktungsdrang zum Trotz immer noch das traditionelle Bild Kanadas überdauert. Und es wird wohl noch eine ganze Weile fortbestehen. Gerade in einer Welt, wo alles abgegrenzt, geordnet und digitalisiert ist, geht von einem Land mit einer solch unbestimmten Grenze, die sich in den Weiten Labradors, Nunavuts und der Nordwest-Territorien verliert, eine Faszination aus, die selbst auf die Entfernung hin ihre Wirkung entfaltet. Wer erlebt, wie sich ein Land in den glitzernden Eisfeldern der Arktis auflöst, erlebt zugleich die Auflösung einer verwalteten Welt in einer Transzendenz, die sich dem Zugriff selbst der Nation entzieht, die auf das Land geopolitisch Anspruch erhebt. Ob bewusst oder unbewusst empfunden, ist dieses Angrenzen an das Grenzenlose ein Faktor, der die kanadische Gesellschaft prägt – so wie die ständige Ellenbogenpräsenz in Europa dies tut. Auf diese Bedeutung Kanadas werden wir am Ende des Buches noch einmal zurückkommen.

Friedenslady im historischen Dunvegan, Alberta

Wer sich für Volksetymologie interessiert, wird sein Vergnügen an der vermeintlichen Entstehung des Wortes «Kanada» haben. Denn angeblich geht das Wort auf einen hessischen Soldaten zurück. (Der Ausspruch «Ab nach Kassel» stammt aus der Zeit, als Werber durch Deutschland zogen, um Soldaten für die Neue Welt zu gewinnen. Kassel war ein Sammelpunkt für die jungen Männer, die am Abend zuvor im Trunk das Handgeld angenommen hatten und nun, ob sie am nächsten Tag noch Lust hatten oder nicht, nach Kassel verfrachtet wurden.) Als er die ersten Schritte auf dem unbekannten Boden getan hatte und keine Menschenseele erblickte, soll er im heimischen Dialekt ausgerufen haben: «Kaane da!»

Da angeblich unter den ersten Besuchern des Landes nach der Entdeckung auch Spanier waren, hat die Volksetymologie auch hier eine Anekdote parat: «Aca nada!» – «Nichts da!», soll es geheißen haben. Das steht diametral im Gegensatz zum eher wahrscheinlichen Ursprung des Wortes, dass ihm nämlich der indianische Name «kanata» zugrunde liegt, was «Dorf» oder «Gemeinschaft» heißt. So spaßig die hessischspanische Wortgeschichte sein mag, enthält sie doch im Kern einen Konflikt in der Wahrnehmung des Landes, der für manche Probleme gesorgt hat.

Was empfindet der Reisende, wenn er über die grüne Wildnis Labradors fliegt? Freut er sich, dass es «noch so viel Natur gibt»? Oder denkt er in den statistischen Kategorien der Planungsstäbe in den Betonburgen Ottawas, für die dieses Land erst dann ökonomisch nutzbar und damit Realität wird, wenn es beispielweise den Nato-(Tief)Flug-Übungsplatz an der Moose Bay oder den benachbarten Megastaudamm von Churchill Falls aufnimmt? Auch die Strategen der großen Holz- und Papierkonzerne sind davon überzeugt, dass in der grünen Wildnis eigentlich nichts lebt, was der Rede wert wäre, und dass es jammerschade ist, diese Ressourcen sich selbst, das heißt dem natürlichen Zyklus von Verfall und Neuwuchs zu überlassen. Immerhin sind von Kanadas rund zehn Millionen Quadratkilometern fast die Hälfte Wald – ein Zehntel des Waldbestandes der Welt.

Es ist andererseits leicht, Kritik an denen zu üben, die sich Gedanken über die wirtschaftliche Nutzung eines solch gewaltigen Landes machen und die Wettbewerbsfähigkeit der kanadischen Volkswirtschaft auf dem Weltmarkt beweisen wollen, zumal ja auch das sich so ökologisch gebärdende Europa einen unersättlichen Bedarf an Werbematerial, kiloschweren Tageszeitungen und EU-Formularen anmeldet. Der ethisch-

Totem in Duncan auf der Vancouver Island

ökologische Bildungsstand der Europäer ist nicht von vornherein höher als der des kanadischen Durchschnittsbürgers. Eine Prüfung für die Befähigung zu umweltintegrierter Ressourcennutzung gibt es bislang weltweit an keiner Bildungsstätte.

So bedarf es langer Jahre persönlichen guten Willens und der Einsicht in größere Zusammenhänge, bevor das Ideal einer ganzheitlich planenden und nachhaltigen Wirtschaft verwirklicht werden kann. Ganz zu schweigen davon, dass so etwas nicht im Alleingang durchgezogen wird, sondern der Bewusstwerdung vieler bedarf, damit eine gut gemeinte Initiative nicht nach kurzer Zeit verpufft. Kanada bietet in dieser Hinsicht eine große Herausforderung für das integrierte Denken seiner Entscheidungsträger, gerade weil es so schwer ist, sich vorzustellen, dass Wildnis eben doch nicht gleich «nichts» ist.

Unten taucht jetzt zwischen treibenden Wolkenschwaden auf beiden Seiten eines glitzernden breiten Gewässers Kulturlandschaft auf. Am Ende des Sankt-Lorenz-Stroms, denn das ist es, was wir überfliegen, liegt die Stadt Québec, die Hauptstadt der gleichnamigen Provinz. In der Sprache der Algonquin bedeutet das schlicht und einfach «Flussenge». Hier unterhalb des Felsens, auf dem eine gewaltige Festung thront, ergießt sich der eigentliche Sankt Lorenz in den Golf, der Mündungstrichter wird aber noch über weite Strecken als fleuve, also als Strom bezeichnet.

Es muss für die Entdecker Ostkanadas schon ein unglaubliches Erlebnis gewesen sein, durch dieses Tor in einen unbekannten Kontinent einzudringen, diesen gewaltigen Strom entlang, der sich immer wieder auf mehrere Kilometer weitet und sich schließlich bei der nächsten Erhebung auch noch in zwei kaum weniger breite Arme teilt. Deutlich sieht man jetzt unten das Straßengitter von Montréal, umgeben und durchzogen vom Sankt Lorenz und dem von Nordwesten einfließenden Ottawa. Das Flugzeug macht eine kaum merkliche Wendung nach Westen, und bald darauf setzen wir zum Anflug auf den nagelneuen Flughafen von Ottawa an.

Ottawa

Oben *Wintersport auf dem Rideau-Kanal*

Links *Der Parliament Hill*

Wer Geschichte als etwas versteht, das Tausende von Jahren zurückreicht und sich in antiken und mittelalterlichen Bauwerken und Kunstgegenständen offenbart, mag Kanada als geschichtslos empfinden. Diese Empfindung wird verstärkt durch das Vorherrschen der Natur, die, von in Erinnerung bleibenden Naturkatastrophen abgesehen, eher ungeschichtlich ist. Aber auch Kanada hat seine Geschichte, bei näherem Hinsehen eigentlich sogar eine ganze Menge. Ja, auch Schlachten sind auf kanadischem Boden geschlagen worden, recht grausame sogar. Und das ist auch der Grund für die Wahl des Standortes Ottawa am Zusammenfluss des Ottawa und des Gatineau. Die zur Zeit der Suche nach einer Hauptstadt auf Grund demografischer und wirtschaftlicher Erwägungen in Frage kommenden Standorte Montréal und Toronto waren strategisch verwundbare Stellen. Wer aber wollte Kanada angreifen? Etwa die Indianer?

Nein. Der jungen US-amerikanischen Republik war die Präsenz der britischen Krone in der Neuen Welt ein Dorn im Auge. Das mag wirtschaftliche, patriotische oder sonstige Gründe gehabt haben. Tatsache ist, dass es bis 1815 unzählige Invasionsversuche gegeben hat, die aber letztendlich alle am entschiedenen Widerstand der kanadischen bzw. damals eben noch britischen Truppen scheiterten. Bei einem Abstecher in die Niagararegion werden wir noch auf einige Denkmale dieser kriegerischen Zeit stoßen. Toronto und Montréal also kamen, weil in Grenznähe liegend, nicht in Betracht. Als sicherer erschien die Holzfäller- und Sägemühlenstadt Ottawa, immerhin gut hundert Kilometer von der US-Grenze entfernt; eine Wahl, zu der Königin Victoria dann auch ihren Segen gab: Am 1. Juli 1867 wurde Ottawa die Hauptstadt der neu gegründeten Province of Canada.

Heute ist Ottawa eine sich der Millionengrenze nähernde Großstadt, zusammengesetzt aus einer Anzahl recht unterschiedlicher Stadtteile, durchzogen von Rideaufluss und -kanal und aufgelockert von einer beeindruckenden Anzahl von Parks und Grünflächen, von denen die riesige landwirtschaftliche Versuchsanstalt – die Experimental Farm – das Verhältnis von Stadt und Land quasi umzukehren scheint: Die Stadt liegt um das Land herum. Vielleicht birgt das eine gewisse Symbolik des Anspruchs, sich den gewaltigen Kontinent einzuverleiben. Ähnliches drückt sich im Verhalten des einzelnen Bürgers aus, dem, insbesondere auf dem Land, kein Aufwand zu groß ist, sich mit einer möglichst ausgedehnten Rasenfläche zu umgeben – beherrschte Landschaft, makellos auf Daumenhöhe kurz gehalten.

Internationale Kulturstadt

Vom Geist der Gründerjahre zeugen in den älteren Teilen der Stadt hier und da prächtige Villen, in denen die Holz- und Eisenbahnbarone residierten, deren unternehmerischem Schwung das Land seine rasche Industrialisierung und deren Neureichtum die Stadt nicht nur zahlreiche Anekdoten verdankt, sondern auch den Aufschwung von Kunsthandwerk, Musik und Theater. Ottawa ist eine Kulturstadt, die sich international sehen lassen kann. Hier finden das weltgrößte Kammermusikfestival und andere international renommierte Kulturereignisse statt. Zu diesen eher in die Touristiksaison fallenden Veranstaltungen bietet das ganze Jahr hindurch eine kaum überschaubare Anzahl an Theatern und Konzertsälen ein breit gefächertes Kulturspektrum an, das vergessen lässt, dass hier vor hundertfünfzig Jahren die Hauptunterhaltung vor allem das Trinken war. Übrig geblieben aus dieser Zeit der Holzfäller ist – außer den allgegenwärtigen Inschriften an historischen Häusern und Bauten besonders im sogenannten By Market, der Keimzelle der Stadt – die Angewohnheit, dass im Frühjahr beim ersten Anstieg der Temperaturen in den Nullbereich an den Tischen auf den Bürgersteigen die ersten Freiluftgäste beim Kaffee sitzen, um dem Winter zu zeigen, dass man es wieder einmal geschafft hat.

Der Parliament Hill, gesehen vom Ottawa River und vom Rideau-Kanal, mit dem Centre Block – Sitz von Senat und Unterhaus – dem Peace Tower und dem turm- und erkerreichen Hotel Château Laurier

Sitzt man dann, die Winterjacke wohlig von der Aprilsonne gewärmt, das Gesäß leicht unterkühlt, vor seinem rasch erkaltenden Kaffee, hört man oben in der Luft ein Johlen und Geschrei: Es sind die Kanadagänse, die in sich ständig auflösenden und neu zusammenfügenden V-Formationen nach Norden ziehen. Jedes Jahr markiert die den ganzen Himmel mit lebendiger Geometrie ausfüllende Migration den Frühling; im Herbst zeigt das V dann in den Süden und kündigt den einsetzenden Winter an. Etwa zeitgleich setzt auch seitens der Menschen eine Wanderung ein: die sogenannten snowbirds ziehen jeweils nach Florida beziehungsweise wieder in ihre Heimat. Das sind jene kanadischen Senioren, die dem langen Winter in die milderen Breitengrade am Golf von Mexiko entfliehen.

Ottawa ist zwar nicht die größte Stadt Kanadas, aber als Hauptstadt lädt sie den Besucher dazu ein, sich auf seine Reise durch das Land einzustimmen. Da ist zum einen die von dem international renommierten Architekten Moshe Safdie entworfene, im Jahre 1988 eröffnete Kanadische Nationalgalerie mit ihrem lichtdurchfluteten Glasbau, der die Unbilden des hiesigen Winters bislang wunderbarerweise unbeschadet überstanden hat. Dem Besucher bietet sich beim Anstieg über die leicht ansteigende Rampe hinter der Glasfassade das

Skyline links des Parliament Hill

VICTORIA

durchaus eindrucksvolle Panorama der Parlamentsgebäude mit ihrer neugotischen Architektur und dem Peace Tower, der dem Londoner Big Ben nachempfunden ist und von dem auch dasselbe Glockenspiel über das Parlamentsgelände und den jenseits des Rideaukanals gelegenen Mayor's Hill Park schallt. Geht man davon aus, dass eine Hauptstadt gewisse Eigenschaften zur Schau stellt, die den Geist eines Landes widerspiegeln, so ist der Eindruck hier der eines Landes ohne Hektik. Und während noch die letzten Klänge über den großen Platz wehen, wird man sich plötzlich bewusst, dass ein Geräusch fehlt, an das man sich in Europa gewöhnt hat: das Hupen. Abgesehen von den großen Metropolen wie Montréal und Toronto, ist insgesamt der Fahrstil weit weniger aggressiv als in Europa; eine gewisse altbritische Höflichkeit, unterstützt von der Tatsache, dass man nicht so dicht auffährt, hat sich in der multikulturellen Gesellschaft als übergreifend dominant erwiesen.

Flagge und Dasein

«Die große Flagge auf dem Peace Tower faltete und entfaltete das Sinnbild des Landes zu Füßen des Turms mit bedachter heraldischer Lässigkeit. Er hatte sich beim Anblick von Flaggen immer angehoben gefühlt, unweigerlich verzaubert von dem Gewahrsein, dass sie die Glieder des Windes waren. In seiner Kindheit waren es die langen Rauchfahnen von den Stroh- und Kartoffelkrautfeuern gewesen, die durch den weiten, offenen Raum zwischen dem Elternhaus und den Bergen dahinzogen, die Leere greifbar machten und das Auge darin übten, Bewegung in der Stille wahrzunehmen. Dann waren da die richtigen Flaggen gewesen. Er hatte sich nicht viel aus den kleinen Wimpeln gemacht, die an den Tankstellen flatterten, oder den schweren bestickten Fahnen, die von Vereinen und bei Bestattungen getragen wurden. Es waren die großen Flaggen an Regierungsgebäuden und Firmensitzen, die den Zauber der Rauchfahnen aufleben ließen. Sie schienen eine Botschaft zu vermitteln, die er erst in späteren Jahren als greifbaren Gedanken erfassen konnte: Obwohl es die Unendlichkeit des Raumes war, welche das endliche Stück Stoff bewegte, war es die Flagge, die der Unendlichkeit an dieser Stelle eine Form gab. Ohne sie gab es kein Gewahrsein. Ohne die Individualität des Menschen blieb das Universum auf ewig undefiniert, Bewegung in Bewegung, Formlosigkeit in Formlosigkeit, nie jedoch gesehen, gehört oder gefühlt. Es war ihm, als sei alles Geschaffene im Grunde nichts als Flaggen im Wind. Auch ein Land, das einen ihm eigenen Satz von Idealen und menschlichen wie natürlichen Gesetzen darstellte, war eine Flagge. Was dort oben im

Die Parlamentbibliothek, eines der schönsten neugotischen Bauwerke Amerikas

Wind auf dem Peace Tower wehte, war das Symbol von Existenz schlechthin.» (Vorabdruck aus «Der Wasserkrieg»)

Eigenständige Kunst dank der Group of Seven

Die Kanadische Nationalgalerie beherbergt eine große Sammlung kanadischer wie auch internationaler Kunst. Dem deutschsprachigen Besucher steht bei seiner Wanderung durch die ständige Ausstellung ein deutscher Audioführer zur Verfügung. Besondere Höhepunkte sind die Bilder der Group of Seven, im Jahre 1920 aus der Taufe gehoben von einer Malergemeinschaft, die, ähnlich wie in Deutschland Die Brücke, die Aufgabe empfand, das Wesentliche der Natur, die verborgene Essenz der Dinge wiederzugeben. Die kühne Farbdynamik und die expressionistische Formgebung sorgten in der noch sehr traditionell geprägten Gesellschaft Anfang des 20. Jahrhunderts für Furore. Mit dem gesellschaftlichen und kulturellen Umbruch der 20er-Jahre folgte dann die Erkenntnis, dass die Weltsicht der Group of Seven ein erster und gelungener Vorstoß war, Kanada eine eigenständige Perspektive in der Malerei der Welt zu geben. Zwar haben

Links und rechte Seite ***Kanadas Nationalgalerie, ein durchsichtiges architektonisches Juwel, ein Werk des 21. Jahrhunderts, obwohl 1988 erbaut***

Nachahmer und Nationalbewusstseinsmarketing die ursprüngliche Botschaft etwas verwässert, doch ist auch heute noch in den Gemälden von Tom Thomson, A.Y. Jackson, J.E.H. Macdonald, Lawren Harris und anderen Werken der transzendente Zauber der kanadischen Wild- und Waldlandschaft sehr lebendig.

Nur einen zehnminütigen Spaziergang über eine ehemalige Eisenbahnbrücke hinüber nach Québec entfernt liegt das Museum der Zivilisationen. Entworfen von dem indianischen Architekten Douglas J. Cardinal, stellt es mit den runden Bauformen seiner geschichteten Architektur die Struktur des Kanadischen Schildes dar, der als eine der ältesten geologischen Formationen der Erde gilt. Die Außenträger haben die Form von Paddeln und versinnbildlichen so die Geschichte der Entdeckung dieses gewaltigen Kontinents, die über die Jahrtausende hinweg bis in die Zeit der europäischen Kolonisierung hinein im Zeichen des Kanus stand. Auch denkbar ist ein Anklang an die Sage, nach wel-

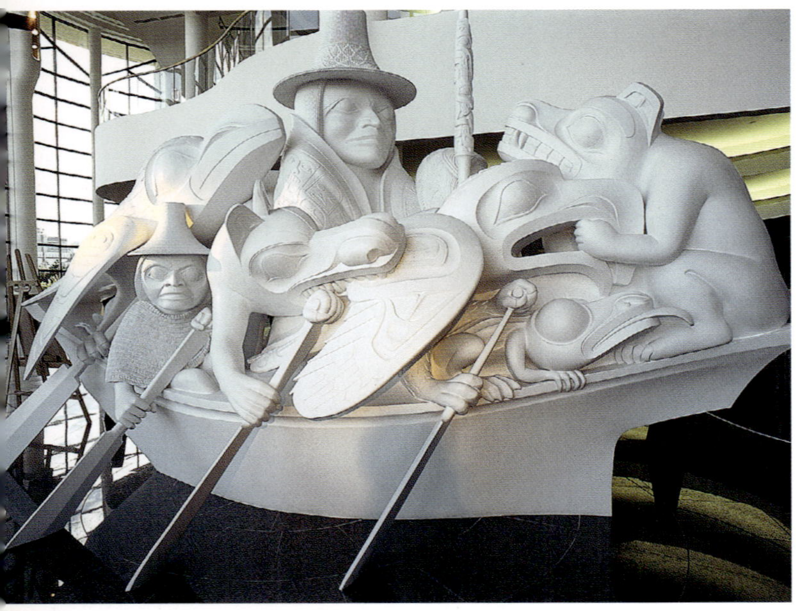

cher der indianische Friedensstifter Dekanawideh einst den Ontariosee in einem Kanu aus Stein überquerte, um eine neue Gesellschaft zu gründen. Das Museum bietet einen Einblick in die Geschichte vor und nach der Entdeckung durch die Europäer, wobei die gewaltige Eingangshalle mit den hohen Totempfählen aus Britisch-Kolumbien eine Vorstellung davon gibt, dass dieses Land nicht erst durch die Kolonisierung seine politische und kulturelle Realität erhielt.

Tritt man durch die Türen des Kaufhauses Hudson's Bay Company an der belebten Rideaustraße, begibt man sich auf das Gebiet eines Unternehmens, das als die erste landesweit agierende Ordnungsinstanz Kanadas angesehen werden kann. Im Jahre 1670 von britischen Kaufleuten gegründet, diente die Hudson's Bay Company vor allem der Entwicklung und dem Schutz des Pelzhandels; ihr riesiges Konzessionsgebiet spannte sich über einen Großteil des nördlichen Kanada. Die Gesellschaft musste sich nicht nur gegen die französische Konkurrenz behaupten, sondern auch gegen die Interessen der Krone, wenn es darum ging, die landwirtschaftliche Nutzung in Grenzen zu halten, die einerseits den Lebensraum des Pelzwildes einschränkte und zudem Pelzbedarf vor Ort schuf – denn schließlich mussten sich ja die Siedler selbst in den harten Wintern warm halten. Die an die Trapper und Indianer verkauften traditionellen superwarmen Wolldecken mit ihrem grün-rot-gelben Muster kann man auch heute noch erstehen, eines der seltenen Mitbringsel, die heutzutage noch ortstypisch sind.

Links und rechte Seite ***Das ebenfalls futuristisch wirkende Kanadische Museum der Zivilisationen (1989) steht nicht in Ottawa, sondern auf der anderen Seite des Ottawa River (franz. Outaouais) in Hull, das zur Provinz Québec gehört. Es zählt an die vier Millionen Exponate***

Kannada – Kanata

Zu den anfangs genannten Volksetymologien des Namens Kanada gibt es noch eine eher mythologische, die auf den vedischen Seher Kannada oder Kanata zurückgeht, dem die «Lehre von den neun Grundsubstanzen» zugeschrieben wird. Er soll die aus Indien auswandernden Völker auf ihrem Weg über Sibirien und die damals trocken liegende Beringstraße nach Nordamerika begleitet haben und heute in der Nähe von Ottawa – es gibt hier tatsächlich eine Nachbarstadt namens Kanata – über die Geschicke des Landes wachen.

Dort am Kamm über dem Fluss
wacht er nach langer Wanderschaft
über sein Gefolge.
Nicht nur der roten Haut Völker,
nein, auch der weißen und schwarzen und
aller anderen.
Hier sind sie vereint, mit der Sonne kommend
und gegen die Sonne.

Vom Eismeer und von der Bucht der großen Winde.
Sie vergaßen auf dem Weg die Ursprünge der Fahrt.
Und erinnerten sie sich selbst an den ersten Ort,
so wär es doch nicht der, den sie suchen.
Trug ist Erinnerung gegen den Strom der Zeiten.
Sie führt wie der Weg des Lachses nicht weiter
als bis zum Laichplatz.
Denn jenseits der Grundsubstanzen, die,
so erkannt
in allen ihren Atomen, dennoch nur Welt zerteilen,
liegt das Eine, das, erkannt, den Zugang
gewährt zur Heilheit der Welt.
(Nahum Burg: «Poems from the Biwwanaung»)

Hat diese Auslegung auch eher eine in gewisser Weise esoterische Note, so ist sie dennoch insofern nicht ohne Wirklichkeitsbezug, als Ottawa tatsächlich eine Stadt ist, wo der Dialog der Kulturen auf engstem Raume stattfindet. Während sich in anderen Teilen der Welt ethnische und religiöse Streitparteien mehr oder weniger heftig in die Haare geraten, gehen die in Ottawa vertretenen Gruppen aufeinander zu, laden einander zu Straßenfesten ein, besuchen die Kulturveranstaltungen der «Gegenseite», strecken die Hand aus zum Dialog. Auch gibt es beispielsweise einen Radiosender, der in den Sprachen der meisten in der Gegend vertretenen Volksgruppen eine bunte Vielfalt von Programmen sendet und jedem das Gefühl gibt, hier seine Heimat zu haben.

Apropos Kanu

Ähnlich wie in der europäischen Kultur das Pferd hatte bei den Ureinwohnern Nordamerikas das Kanu über seine praktische Bedeutung als Fortbewegungsmittel hinaus auch eine spirituell-symbolische. So war das Herstellen eines Kanus ein spiritueller Akt, und auch heute noch lebt eine ferne Erinnerung an diesen Zusammenhang weiter. Nach langen Jahren der Unterdrückung und der aufgezwungenen wirtschaftlichen und politischen Unmündigkeit erlebt die Gemeinschaft der «Ersten Nationen» (First Nations) einen landesweiten Aufschwung. Selbstwertgefühl manifestiert sich nicht mehr nur durch folkloristisches Auftreten, obwohl es auch an diesem nicht fehlt, sondern durch die Gründung von eigenständigen Ausbildungsstätten und Unternehmen, in denen kultureller Eigenart und spezifischem Lernverhalten Rechnung getragen wird.
Derzeit (2006) ist, ebenfalls ein Ausdruck dieses erstarkenden Selbstwertgefühls, ein Kulturzentrum in Ottawa im Gespräch. Es soll an einem uralten Versammlungsort auf der Victoria-Insel mitten im Ottawa River nach Plänen desselben indianischen Architekten entstehen, der bereits das Museum der Zivilisationen entworfen hat, und zu einer Stätte der individuellen und kollektiven Heilung und der Aussöhnung

Die Anishinabe-Scout-Statue steht zu Ehren der Ureinwohner, die anfangs des 17. Jahrhunderts dem Franzosen Champlain halfen, den Ottawa zu erforschen

zwischen Mensch und Natur sowie der Begegnung zwischen den Nationen werden. Durchaus symbolträchtig ist in diesem Zusammenhang auch die Absicht, einen Damm und die dazugehörigen Wasserkraft- und Industrieanlagen von der Insel zu entfernen, die das physische Wasser und damit auch die geistigen Energien des Landes aufstauen und einengen.

Reisen in Kanada

Ebenfalls in Ottawa befindet sich das Museum of Aviation; weitere Museen zur Luftfahrt finden sich in allen Provinzen, denn Fliegen ist ein wichtiger Faktor in diesem Land mit der gewaltigen Fläche. Seit fast hundert Jahren haben Flugzeuge die Bewohner des Landes und ihre Waren befördert; der erste transkanadische Flug über 5200 Kilometer erfolgte im Herbst 1920 von Halifax in Neuschottland nach Vancouver in Britisch-Kolumbien. Das Unternehmen war auf mehrere Flugzeuge und Mannschaften gestützt, die für die Durchquerung des Kontinents rund zehn Tage brauchten. Dank der weit verbreiteten Air-Miles-Programme ist das Fliegen heute in Kanada kein Luxus mehr. Die dreißig Millionen Kanadier kaufen jährlich rund fünfzig Millionen Flugtickets. Viele Ortschaften des Landes vor allem im Norden und auch in Neufundland sind nur per (Wasser-) Flugzeug (oder per Schiff) zu erreichen. Flüge mit den regionalen und nationalen Billigfliegern sind oft preisgünstiger als die Greyhound-Busse, deren Liniennetz das ganze Land durchzieht, oder die Züge von Via Rail.

Wer allerdings in den hohen Norden fliegen will, muss schon recht tief in die Tasche greifen, denn bei aller Popularität, die dieser Teil des Landes zunehmend genießt, ist doch das Passagiervolumen in Richtung Arktis relativ gering. Allerdings hat Kanada eine große Anzahl von Sportfliegern, und bei den relativ kostengünstigen Flugkursen steht dem Sportpiloten der hohe Norden weit offen. Der Basispilotenschein zum Führen eines Sportflugzeugs mit einem weiteren Passagier kostet umgerechnet rund 4000 Euro. Will man weitere Personen (max. vier) mitführen und auch nachts und in die USA fliegen, ist man mit kaum 6000 Euro dabei. Ähnlich günstig sind die Miettarife für einen Flieger, und an Landeplätzen mangelt es nirgends.

Die längste Schlittschuhbahn der Welt – und Schlitteln auf dem See

Wenn man schon vier Monate Winter hat, darf man sich vor allem nicht dagegen sträuben. Und das tut man weder in Ottawa noch irgendwo in Kanada, wo das zutrifft. Ottawa hat in dieser Hinsicht gleich einen Superlativ zu bieten – die mit acht Kilometern längste Schlittschuhbahn der Welt. Hier vergnügen sich nicht nur die Besucher des Winterlude, des großen Winterfestivals, sondern der Eisweg wird auch ganz schlicht von sportlichen Beamten und anderen Büroarbeitern benutzt, die, aus stadtnahen Wohngebieten in das Banken- und Verwaltungsviertel kommend, so das Nützliche mit dem Angenehmen verbinden wollen. Anfang Februar findet am Stadtende des Kanals ein Wettbewerb statt, bei dem Künstler aus aller Herren Ländern sich darin zu übertreffen versuchen, die schönste Skulptur aus dem Eis zu sägen, zu fräsen und zu polieren. Besonders nach Anbruch der Dämmerung sind die bunt angestrahlten Kunstwerke wie ein Traum aus Tausendundeiner Nacht.

Dass Eishockey ein kanadischer Nationalsport ist, wussten Sie vielleicht bereits schon. Und dass die Kanadier ihre Skidoos (Motorschlitten) mit ebenso viel Nonchalance handhaben wie Europäer ihr Mofa. Aber haben Sie schon einmal davon gehört, dass man mit diesen Skidoos auch über Wasser fahren kann? Das machen nämlich die ganz Mutigen auf dem Lake of Bays im Westen von Ottawa. Die Strecke zwischen dem Eis über das offene Wasser ist natürlich nur kurz. Manchmal allerdings – und das ist das ganz besonders Aufregende an der Sache – auch zu lang, und dann versinkt das Vehikel in den kalten Fluten, während der Fahrer im Neoprenanzug und mit Schwimmweste den nächsten Eisrand zu erreichen sucht und die Zuschauer bereits das florierende Bergungsunternehmen herbeitelefonieren.

Und natürlich Ahornsirup

Kündigt sich der Frühling an und steigt langsam der Saft in den Ahornbäumen auf, beginnt die Zeit des sogenannten Sugar Bush. Überall steigt aus Waldhütten – vor allem in Québec, Ontario und den Atlantikprovinzen – der Rauch von Holzfeuern auf und treiben Schwaden von süßlichem Ahornsaftdampf durch die Winterluft. Das typische in diesen Hütten servierte Essen sind Speckbohnen, Rührei und Pfannkuchen mit jeder Menge frisch gekochtem Ahornsirup. Etwa 45 Liter Ahornsaft müssen verdampft werden, um einen Liter Ahornsirup zu erhalten, der sehr reich an Kalzium, Kalium und anderen wichtigen Mineralien ist. Der Anteil besonders des Kalziums richtet sich nach dem Erntemoment, wobei der helle Saft am Anfang der Erntesaison, der zunehmend dunkle gegen Ende der Erntesaison gewonnen wird.

Wer sich aus Kanada etwas mitbringen will, das es anderswo noch nicht gibt, kauft sich die Maple Butter (Ahornbutter). Das ist schlicht und einfach weiter eingekochter und zu einer dicken Paste gerührter Ahornsirup. Im Übrigen haben jetzt auch kanadische Waldfarmer damit begonnen, Birkensirup herzustellen, der freilich erheblich teurer ist, da zu seiner Herstellung ungleich größere Mengen von Saft eingedickt werden müssen. Genügend Abnehmer werden sie im neuen Trend des Gesundheitsbewusstseins gewiss finden.

Ahornsirup, auf Eis gefroren – beliebte Wintersüßigkeit und reines Naturprodukt ohne irgendwelche E-Zusätze

Québec

Oben *Kanufahrt in der Naturidylle des Teufelsflusses (Rivière du Diable), Laurentides*

Links *Indian Summer (in Québec Été Indien genannt) im Parc Gatineau*

Montréal haben wir ja bereits aus der Luft gesehen; dass sich da tatsächlich ein Berg in der Mitte der Stadt erhebt, war nicht ganz erkennbar. Von Ottawa aus fährt man etwa anderthalb Stunden, bevor man den Mont Royal auftauchen sieht. Der Ort wurde im Jahre 1535 von Jacques Cartier entdeckt, es befand sich hier ein irokesisches Dorf mit dem Namen Hochelaga. Ein Jahrhundert später kamen die französischen Siedler. Noch ein Jahrhundert, und die britische Krone verleibte sich die Provinz Québec ein, während in den Palästen Frankreichs mit dem Geld aus den nordamerikanischen Kolonien rauschende Feste gefeiert wurden.

Montréal: vom irokesischen Dorf zur zweitgößten französischsprachigen Stadt der Welt

Den Aufschwung zur Weltstadt über die folgenden zweihundert Jahre hinweg erlebte Montréal als Hochburg britischen Unternehmertums; den französischen Untertanen ihrer Majestät blieb es überlassen, Advokaten oder Priester zu werden. Das änderte sich dann ab der Mitte des 20. Jahrhunderts, und zwar nicht erst nach dem Besuch des französischen Präsidenten de Gaulle, der im Juli 1967 vor dem Montréaler Rathaus im Überschwang wohl eines Gefühls des Umschlungenseins aller gallischen Millionen dieser Erde den Bürgern der Provinz Québec sein historisches «Vive le Québec libre!» entgegengerufen hatte. Der Nachhall dieses Grußes waren erhebliches diplomatisches Donnergrollen sowie eine Reihe von Sprengstoffattentaten, mit denen Stromfernleitungen und andere Dinge von ungeduldigen Separatisten in die Luft gesprengt wurden, die ihr Land aus der dominant anglophonen kanadischen Föderation herauslösen wollten, in der sie ihre nationale Identität bedroht fühlten.

Die souveräne Reaktion insbesondere des damaligen kanadischen Premierministers Pierre Elliott Trudeau ebnete den Weg zum Dialog, der die révolution tranquille kennzeichnete, durch welche die Provinz den Schritt in die Moderne tat. Zwar ist die Provinz Québec auch heutzutage immer noch kein wirklich überzeugtes Mitglied der Föderation und gilt unter den anderen Provinzen oft als Quertreiber, aber der Konsens hat doch bislang die Oberhand über den Separatismus behalten.

Montréal hat aus dem versöhnlicheren Klima Nutzen gezogen. Nach einer Zeit des Niedergangs, bedingt durch die demonstrative Abwanderung der anglophonen Bevölkerung (und das waren nicht zuletzt auch Unternehmer mitsamt ihren Betrieben) vor allem nach Toronto, hat sich die Stadt zu neuer Blüte entfaltet.

Heute ist Montréal mit seinen 3,4 Millionen Einwohnern eine multikulturelle Metropole, hat dabei aber den Status der weltweit zweitgrößten Stadt der sogenannten Frankophonie, der Weltallianz von Staaten mit französischer Landes- beziehungsweise Verkehrssprache, ausgebaut. Was an Montréal verlockt, ist nicht nur das breit gefächerte Kulturangebot, sondern auch die bei aller Größe entspannte Atmosphäre, zu der gewiss nicht zuletzt der weitgehend unbebaute Mont Royal in der Mitte der Stadt beiträgt. Die Altstadt ist in vielen Bereichen restauriert und fußgängerfreundlich gestaltet. Wer genauer in die Hinterhöfe schaut, sieht an vielen Stellen Schrebergärten, die zusammen mit von der Stadt geförderten Gartenkolonien ein wichtiges Element der Lebensqualität darstellen. Rund zwei Prozent der Montréaler Bürger sind Schrebergärtner, darunter auch viele Jugendliche; die Stadt hat für diejenigen, die sich keinen Urlaub leisten können, ein Sommergärtnerprogramm bereitgestellt. Gerade Einwandererfamilien aus ländlichen Gegenden finden auf diese Weise einen Boden, auf dem sie in der neuen Welt zusammen mit dem Gepflanzten Wurzeln schlagen können und wo unmittelbar praxisbezogene Zeichensprache die Kluft überbrückt, die sich oft durch mangelnde Englisch- beziehungsweise Französischkenntnisse auftut. Hier werden Samen und Rezepte getauscht, wird gemeinsam gegessen und gefeiert, Krocket und Schach gespielt; manchmal tauscht man auch Obst oder Gemüse gegen einen Haarschnitt beim chinesischen Nachbarn ein, der sonst die Woche über in einem Friseursalon arbeitet. Am Ende der Gartensaison gibt es eine

Blick über den St. Laurent (St. Lawrence) auf Montréal

Preisverleihung für den bestgekürten Gärtner. Dabei ist das Kriterium nicht allein die größte Tomate oder die längste Gurke, sondern auch Gemeinschaftssinn und «Sozialgärtnertum». Auch sonst ist Montréal eine Stadt, die sich Zeit nimmt, allem Hightech zum Trotz, das sich hier angesiedelt hat, besonders in den Bereichen Video-Unterhaltung, IT, Stimmenerkennung und Gentechnik. Apropos Unterhaltung: Montréal ist Ursprungsort und Stammsitz des Cirque du Soleil, der ein großes Schulungszentrum in der Stadt betreibt.

Sternstunde in Québec Stadt – vor 250 Jahren

Die Stadt Québec, Hauptstadt der gleichnamigen Provinz, erreicht man je nach Lust und Laune entweder nach dreistündiger Autobahnfahrt oder nach einer beschaulichen Bummelfahrt entlang dem Sankt Lorenz auf dem Chemin du Roi, der ältesten Fahrstraße Kanadas, auf der ab 1731 per Kutsche oder Schlitten Reisende und Waren zwischen Montréal und Québec befördert wurden. Die québecischen Kfz-Kennzeichen sehen anders aus als z. B. in Ontario: Jede Provinz hat ihre eigenen. Kanadische Kfz-Kennzeichen tragen außer einem Logo auch eine Art Wahlspruch: Die Provinz Québec hat das Motto «Je me souviens» gewählt.

Das, woran da erinnert wird, ist eine Geschichte, die im Jahr 1759 abrupt zu Ende ging, nämlich die der Herrschaft der Krone Frankreichs über die unter ihrer Hoheit entdeckten Gebiete Nordamerikas. Es war die Stadt Québec, in der sich das Drama abspielte, dessen Nachwehen auch heute noch zu spüren sind. Auf einer Ebene oberhalb des Sankt Lorenz, den Plaines d'Abraham, fand am 13. September 1759 nach vorausgegangenem zweimonatigem Bombardement die Schlacht zwischen den britischen Truppen unter General Wolfe und den französischen unter General Montcalm statt.

Diese Sternstunde der nordamerikanischen Geschichte wurde ebenfalls nicht durch numerische Überlegenheit, sondern durch das Moment der Überraschung entschieden: Tagelang regnet es, der Wind fegt in Böen über den Fluss

und rüttelt an den Fregatten der britischen Flotte. An den Lagerfeuern drängen sich in beiden Feldlagern die Soldaten fröstelnd gegen den strömenden Regen zusammen.

Dann am 12. September klart es plötzlich auf. General Wolfe sieht seine letzte Chance. Kurz nach Einbruch der Dämmerung beginnen die britischen Kriegsschiffe mit einem erneuten Bombardement im Osten der Stadt, in der bereits vier Fünftel der Gebäude in Asche liegen, und verlocken so die Franzosen zu der Annahme, dass dort ein

Angriff zu erwarten sei. Um 21 Uhr setzen dann 1600 Mann in flachen Ruderbooten über den Fluss und landen im Westen unterhalb der Festung an einem Steilabhang, an dem Montcalm eben keinen Angriff erwartet. Einer französischen Wache, die dennoch das Geräusch der heraufsteigenden britischen Truppen hört, wird aufs Geratewohl das Passwort «France» zugerufen; womöglich hat es der Wind so verweht, dass es nicht klar zu verstehen war.

Und dann geht alles sehr schnell: Kaum vier Stunden später stehen viertausend britische Soldaten mitsamt zwei Kanonen auf der Anhöhe. Der aus dem Schlaf geschreckte Montcalm muss miterleben, wie seine nach einem Eilmarsch erschöpften Truppen in einer halben Stunde niedergemacht und zerstreut werden.

Beide Generäle, Montcalm und Wolfe, werden tödlich verwundet. der Franzose hört sich die Prognose des Feldarztes an, der ihm eröffnet, dass er noch einen Tag zu leben habe. «Ein Glück», ruft er

Linke Seite oben *Kunst und Kommerz in Montréal: Gruppenskulptur «The Illuminated Crowd» vor blauglägsernem Bankpalast (BNP/Laurentian Bank Tower)*

Linke Seite unten *Kirche und Kommerz in Montréal: Kathedrale Marie Reine du Monde vor Büroturm. Diese 1894 erbaute Kirche ist stilistisch dem Petersdom in Rom nachempfunden*

Rechts *Montréals Rathaus im Empirestil, 1878 erbaut*

***Beeindruckt am Tag und in der Nacht: Kein Fürstenschloss, aber ein Schlosshotel** …*

aus, «dann bleibt mir wenigstens die Kapitulation erspart!»
Mit der Übergabe der Stadt, gefolgt binnen Jahresfrist von der Übergabe Montréals, war das Schicksal der Provinz besiegelt; Nordamerika war nunmehr unter einer Krone vereint – für kaum dreizehn Jahre. Und der historisch Bewusste fragt sich, warum Menschen wie Montcalm und Wolfe ihren Geist nicht zum Aufbau des neuen Kontinents einsetzten, sondern ihr Genie in letztlich irrelevanten Metzeleien auslebten – denn die Verdrängungskriege gegen Frankreich in Nordamerika und Indien hatten die britische Staatskasse so geleert, dass daran auch der Friedensvertrag von Paris im Jahre 1763, mit dem Frankreich offiziell seine indischen und nordamerikanischen Kolonien an England abtrat, nichts ändern konnte.
Der Versuch einer Sanierung der Staatsfinanzen durch Besteuerung der amerikanischen Siedler führte schon bald, 1773, dazu, dass die Kolonien aufmüpfig wurden und sich auf den Weg in die Unabhängigkeit machten. Auch hier gilt der alte Spruch «Wie gewonnen, so zerronnen», und man ist gerade beim Studium der Geschichte der Neuen Welt, betrachtet man die Größe des Kontinents, immer wieder am Staunen, wie sich auch hier der alte Ungeist breit machte, das allen offen liegende Gemeingut der Natur zerteilen und einander streitig machen zu müssen.

... ist das Château Frontenac (1893–1924) in Québecs Hauptstadt Québec

Die Gaspésie

Einzigartig ist die Fahrt von Québec an der Südseite des Sankt Lorenz entlang nach Nordosten. Besonders am späten Nachmittag glänzt die breite Wasserfläche, die sich kaum merklich zum Golf hin ausweitet, durch die Pappeln und hohen Weiden an der Uferstraße. Auf der anderen Seite zieht sich die Bergkette der Laurentians entlang. Hier und da steht ein Kormoran auf einem Felsen im Watt, die Flügel zu einer beschwörenden Gebärde ausgebreitet. Ein Fischer erklärt einem später, dass diese nach ihrer Beute tauchenden Vögel so ihre Flügel trocknen. Der Vogelreichtum der Gegend ist groß; auf den Inseln sind vielerorts Schutzgebiete, in denen sich besonders zur Migrationszeit gewaltige Schwärme sammeln, um entweder an den Golf von Mexiko oder in die Arktis weiterzuziehen. Nach rund dreistündiger Fahrt windet sich die Straße mit einem Mal durch eine Miniaturlandschaft von an der Küste hingestreuten Hügeln – die Montagnes de Bic.

Der Sage nach soll der Herrgott hier, nachdem er überall auf der Erde in ordentlicher Weise Gebirge und Seen verteilt hatte, den letzten Rest seines Gabensacks ausgeschüttet haben. Ob hier der Volksmund ein archetypisches Thema aufgreift oder ob er womöglich Selma Lagerlöfs Wildgans auf den Schnabel geschaut hat, die dem kleinen Nils

Vorhergehende Doppelseiten ***Halbinsel Gaspé, poetischer Gaspésie genannt, mit dem spektakulären Rocher Percé, der bei Ebbe zu Fuß erreicht werden kann***

Oben ***Fast französisch wirkend: Quartier du Petit Champlain in Québec***

Rechts ***Blick vom Bassin Louise nahe des Alten Hafens in Québec***

auf seiner Reise durch Schonen von derselben Schöpfungsgeschichte erzählt, bleibt der Vermutung überlassen. Tatsache ist, dass der Mensch sich überall Mythen erzeugt, um mit dem Land, in dem er lebt, eine innigere Verbindung herzustellen. Sie wirken im Nordamerika der Siedler allerdings oft etwas flach und irgendwie gekünstelt. Zu deutlich ist bewusste, sich an europäischen Mustern orientierende Absicht und auch religiös motivierte Moral am Werk. Erst mit dem Aufkommen der Romanciers der Moderne entsteht seit einigen Jahren eine authentische mythologische Dimension. Da ist beispielsweise die frankokanadische Autorin Anne Hébert, die mit ihrem Roman Kamouraska ein Meisterwerk geschaffen hat, das dem Reisenden eine Stimmung vermittelt, durch welche die Fahrt an der Küste des Sankt Lorenz eine zusätzliche Tiefe erhält.

Nach wenigen Kilometern taucht Rimouski auf, die letzte größere Stadt, bevor man in die Gaspésie gelangt, eine Gegend, der bei aller technologischen Anbindung an den Rest des Landes etwas Ursprüngliches anhaftet, das einem das Gefühl vermittelt, sich auf einem anderen Kontinent zu befinden. Die Küstenstraße ist weniger befahren, die Berge auf der anderen Seite des nun-

mehr zum Golf gewordenen Sankt Lorenz sind jenseits der Blickweite gerückt, das hügelige Land wird schroffer, hohe Klippen ragen über der Straße empor. An stürmischen Tagen spritzt der Gischt in langen Fahnen über die Fahrbahn; nicht selten nimmt das Meer in den Equinoktialstürmen einen Teil der Straße mit. Dort, wo tief eingeschnittene Täler zum Meer vorstoßen, liegen vereinzelte Dörfer. Man rätselt, wovon die Menschen hier leben mögen, besonders in den langen Wintern, die sich erst Ende Mai zögerlich zurückziehen; auf den vom Appalachen-Höhenwanderweg durchquerten Hochplateaus fällt auch im Juli noch Schnee.

Im Juli und August holt die Natur dann im Zeitraffertempo nach, was sie versäumt hat: der Flieder blüht zusammen mit den Pfingstrosen und Erdbeeren, alte Brandlichtungen überziehen sich mit einem Teppich aus Blaubeeren, gewaltige Angelikastauden stehen an den Straßenrändern, und die Balsampappel verströmt ihren exotischen Duft.

Nimmt man sich Zeit für eine Wanderung auf einer der Holzfällerstraßen, sieht man gelegentlich einen Silberfuchs oder einen Schwarzbären über den Weg wechseln. Viel Stille gibt es in der Gaspésie. Nur an einer Stelle koaguliert das touristische Quantenfeld zu makroskopischer Dichte, nämlich in Percé, so genannt nach dem eindrucksvollen durchbrochenen Felsen vor der kleinen Hafenstadt, der bei Ebbe zu Fuß zu erreichen ist. Weiter draußen liegt, ständig von Motorschiffen umschwärmt, die Bonaventure-Insel mit einer von Kanadas größten Brutkolonien von Seevögeln.

Am Ende der Halbinsel liegt die kleine Stadt Gaspé, erreichbar über die beiden Küstenstraßen und auch durch eine der kostspieligsten Eisenbahnen Kanadas, gebaut mit den Einlagen englischer Witwen und Waisen, die an die Vision eines adeligen Londoner Bankers glaubten, der mit diesem Projekt den Hafen von Gaspé zu einem Sprungbrett für den Transatlantikverkehr machen und außerdem das Land für die aus den USA einströmenden Loyalisten erschließen wollte. Heute rumpelt nur noch an manchen Tagen ein Zug über die mit Holzschwellen befestigten Gleise, vorbei an malerischen Orten mit fröhlich im Seewind flatternder bunter Wäsche, ebenso bunten Fassaden und haarscharf an den Geleisen bis zum Meer abfallenden Abhängen.

In Gaspé erinnert ein Denkmal an Jacques Cartier, der hier im Juli 1534 landete und im Beisein der erstaunten Ureinwohnern sofort ein Kreuz zum Zeichen dafür pflanzte, dass dieses Land unter der fürsorglichen Obhut von König François I. endlich seinen Platz in der Geschichte gefunden hatte. Von den Ureinwohnern ist heute nicht mehr viel zu sehen – in der Geschichte war der Platz beschränkt.

Dreihundert Jahre Suche nach Gerechtigkeit

Stellen Sie sich vor, ein Unbekannter kommt auf Sie zu, verbeugt sich und sagt: «Micmac». Würden Sie dann nicht

Sehr französisch wirkend: Künstlergasse in Québec

auch denken, dass der Herr Micmac heißt? Sehen Sie, so kamen die Indianer der Gaspésie und Neubraunschweigs zu ihrem Namen. Was die Indianer wirklich gesagt hatten, war: «Mein lieber Freund». Und so begegneten sie den Fremden auch, zeigten ihnen, wie man Birkenkanus baute, heimische Heilkräuter nutzte und sich im strengen Winter am Leben erhielt; im Gegenzug erhielten sie die begehrten europäischen Eisenwaren und Stoffe.

Am Anfang der Entdeckung herrschte in der Gaspésie und um die Baie-des-Chaleurs das Prinzip der guten Nachbarschaft zwischen den Ureinwohnern und den Europäern vor. Es gab ja auch genug Platz, um sich gegebenenfalls aus dem Wege zu gehen.

Das änderte sich jedoch rasch: zunächst nach der Deportation der französischsprachigen Acadiens aus Neuschottland (Acadie) durch die Briten (1760) und in stärkerem Maße dann nach dem Abfall jener dreizehn britischen Ostküsten-Kolonien, die 1776 die USA gründeten. In beiden Fällen erfolgte ein massiver Zuzug von Siedlern in die Gebiete der Micmac und der anderen Stammesgruppe der Maliseet. Die Mittel zu den Feiern anlässlich der 400-Jahr-Feier der Acadie 2004 sprudelten reichlich. Wer sich der Geschichte der Neuen Welt in all ihren Aspekten bewusst ist, empfindet jedoch ein eher zwiespältiges Gefühl, denn die vertriebenen Acadiens sind ja selbst Vertreiber gewesen. Und auf der Suche nach einer neuen Heimat

Untere Altstadt von Québec

in der Gaspésie hatten sie aus den leidvollen Erfahrungen der Vertreibung nicht viel gelernt. Rücksichtslos drangen sie in die Stammesgebiete der Micmac vor und verdrängten sie von ihren Jagd- und Fischgründen.

Darin standen ihnen auch die Loyalists nicht nach, die nach der US-amerikanischen Unabhängigkeitserklärung weiterhin Untertanen der britischen Krone bleiben wollten und in großen Gruppen nach Kanada auswanderten. Gegen Ende der Zwanzigerjahre des 19. Jahrhunderts war das Gebiet der Micmac auf winzige Zellen zusammengeschrumpft, und auch diese Zufluchtsorte machten ihnen die Siedler durch Betrug und nackte Gewalt streitig. Ein historisches Dokument sind in diesem Zusammenhang die Akten aus dem Jahre 1836 über die Anhörung des Micmac-Häuptlings Thomas Barnabé, der vor dem Ständigen Ausschuss für Landbesitz und Nutzungsrechte von Niederkanada (Bas Canada beziehungsweise Lower Canada umfasste vor allem Québec und Teile der heutigen angrenzenden Provinzen) über die Übergriffe der weißen Siedler klagt. Wie aus heiterem Himmel wurden Indianer beim Angeln oder bei der Jagd oder gar auf ihren Feldern angegriffen, festgenommen und rüde darüber unterrichtet, dass sie sich auf fremdem Grundbesitz befänden.

Dass ihnen das Land durch den fernen König von Frankreich (und später durch den König von England) vertraglich zugesichert worden war, half da nicht viel, denn die allmächtigen Landkommissare setzten sich eigenmächtig über solche Formalitäten hinweg und schlugen die Stammesgebiete oder die Nutzungsrechte auf Kronland den Neuzugezogenen zu.

Hart muss es für die Indianer gewesen sein, die dem «unsteten Nomadenleben, ohne Bestellung des Bodens, ohne Anlegen von Vorräten und ohne jeglichen Gedanken an den morgigen Tag, wie es sich für einen ordentlichen Christenmenschen geziemt», entsagt hatten und sesshaft geworden waren, dass sie nun das einmal mühsam gerodete Land verlassen und zusehen mussten, wie der unersättliche neue Besitzer es gar nicht bestellen konnte und die Äcker wieder

verwilderten. Denn außer mehr oder weniger amüsierter Kenntnisnahme der Ausführungen des «Wilden» Thomas Barnabé war der Ausschuss zu keinen Konzessionen im Sinne einer Rücknahme der erfolgten Landzuteilung bereit; allenfalls wurde den Ureinwohnern großzügig zugestanden, dass sie weiterhin im Wald Feuerholz für den Winter holen durften.

Heutzutage sind indianische Jagd- und Fischfangprivilegien, Steuervergünstigungen beziehungsweise Steuerbefreiungen, Rückübertragungen von Stammesgründen in fast allen Provinzen

Blick auf Stadt Québec und Fluss, der hier französisch St. Laurent genannt wird

heiße Themen, mit denen sich Gesetzgeber und Verwaltungen noch eine ganze Weile herumzuschlagen haben werden. Die Situation ist nicht nur von der technischen Seite her hoch komplex, sondern auch von der existenziellen. Wer mit Indianern zu tun hat, erfährt bald, dass ein eventuell bestehendes Idealbild vom «guten Wilden» eine neoromantische Illusion ist; die indianische Bevölkerungsgruppe weist ebenso viele Schattierungen von Moral und Unmoral auf wie das restliche Kanada.

Interessant ist dabei, dass man bei Sitzungen indianischer Gruppen außer

den reinrassigen Ureinwohnern nicht nur Mischlinge antrifft, sondern auch Angehörige anderer Volksgruppen. Es sind dies nicht nur Menschen, die mit dieser Aufnahme in einen ganz besonders exklusiven «Klub» ihren Status erhöhen wollen, sondern auch solche, welche die eigentlichen Werte indianischer Kultur wahrnehmen und dazu beitragen wollen, dass diese wieder, als Gegengewicht zu der sonst üblichen Konsum- und Raubbaukultur, Einfluss auf das Leben aller Kanadier finden. Diese Werte entwickeln sich, und zwar in politisch relevanter Weise, auch außerhalb der indianischen Bevölkerung. Eine Rückkehr zum Status quo ante wird es in Kanada schon auf Grund der herrschenden Kräfteverhältnisse nicht geben. Seit der Anhörung von Thomas Barnabé hat sich in der Einstellung der Behörden und der Menschen einiges geändert; so wurde 1973 der im Jahr zuvor gegründete erste Micmac-Stammesrat vom kanadischen Generalgouverneur als Interessenvertreter anerkannt.

Dergestalt ist es wahrscheinlicher, dass mit zunehmendem Bildungsstand der Ureinwohner, wachsendem Selbstwertgefühl und der Fähigkeit, Probleme sachlich zu artikulieren (es gibt eine zunehmende Anzahl von indianischen Rechtsanwälten und kompetenten Lobbyisten), die partnerschaftliche Integration in eine multikulturelle Gesellschaft erreicht wird, in der die indianische Bevölkerungsgruppe eine Stimme im «Konzert der Kulturen» hat.

Oben ***Été Indien am 177 Kilometer langen Rivière Jacques Cartier***

Rechts ***Herbstwald im Parc Mont Tremblant (Laurentides)***

Strand der Dämmerung

Am Anfang
ging der Ewige über den Biwwanaung,
durch die Dämmerung der kommenden Welt.
Land gab es nicht, noch gab es ein Meer –
nur grenzenlosen Strand.
Und wie Er so dahinging, sah der Ewige
Wellen geschrieben auf den Sand,
und die Wellen tanzten miteinander und
wurden zu Hügeln,
wurden zu Bergen und Bäumen.
Vögel wurden sie, Biber und Elche.
Der Ewige hielt die Formen fest, bevor sie
vergingen.
So entstand die Vielwelt aus der Einwelt.
Und dann stieg ein Gedanke auf:
Woher war all dieses entstanden? Wo war es
gewesen,
bevor es erkannt war, und was war der Grund,
nach dem
es erkannt und benannt war?
Als dieser Gedanke seine volle Form erreicht
hatte, war es der Mensch.
Deshalb ist der Mensch unsterblich,
denn er ist die Frage des Ewigen nach
dem Urgrund der Welt.
(Nahum Burg: Poems from the Biwwanaung)

Sprachliche Eroberung

«Diese wilden Namen hindern uns daran, die besagten Orte auf Französisch zu benennen und damit unserer Geschichte gerecht zu werden.» Mit diesem Protest wandte sich zu Anfang des 20. Jahrhunderts der Sekretär der Socié-

té de Géographie de Québec gegen die Überhandnahme indianischer Ortsnamen. Nach der territorialen Eroberung sollte nun auch die sprachliche erfolgen. In der Tat ist die Landkarte der Provinz Québec einzigartig in ihrer «Frömmigkeit»: Eine große Anzahl der von Franzosen gegründeten Ortschaften trägt den Namen eines/einer katholischen Heiligen. Andere sind zu Ehren von Regimentern und Offizieren der Armee Montcalms benannt: La Reine, Béarn, Roussillon, Bourlamaque, Malartic, Desandrouins, Poularies, Dalquier, Destor.

Aber auch andere Volks- und Sprachgruppen haben ein Übriges getan, die ursprünglichen Namen zu verdrängen, symbolhafte Akte der Besitznahme, die wie die territorialen zur Entfremdung der indianischen Bevölkerung beitrugen. Sutton, Stoke, Thetford, Preston, Acton, Upton, Hull, Adstock, Orford stammen aus der Zeit der Industrialisierung der Provinz durch die Briten. Dazu kommen auch schottische Namen wie Aberdeen, Inverness, Thurso, Lochaber, Dundee, Athelstan, Stornoway, und an Irland erinnern Namen wie Mayo, Armagh, Coleraine, Kildare, Wexford, Kilkenny, an Wales Radnor und Garthby. Manche Kritiker sehen in dieser Entwicklung eine Wirklichkeitsentfremdung, da sich der Name eben nicht auf die Gegebenheiten des Ortes bezieht und noch viel weniger eine mythologische Dimension öffnet. Doch ist der Akt der Erinnerung an eine alte Heimat auch eine Art, mit dem Boden zu verwachsen. Und einem Landwirt, der in der fünften Generation sein Land in der Neuen Welt bestellt, Bodenständigkeit abzusprechen, ist ebenfalls reichlich realitätsfremd.

Übrig geblieben sind heute aber auch zahlreiche indianische beziehungsweise Inuit-Namen, die einen topologischen Bezug haben: Québec, Abitibi, Outaouais, Témiscouata, Kamouraska, Saguenay, Matapédia, Témiscamingue, Ungava und Nunavik. So stammt der heutige Name Gaspésie vom indianischen gespegewagi: «Land am Ende der Erde».

Québec weist darauf hin, dass sich hier der Fluss, das heißt der Sankt-Lorenz-Strom, verengt. Die québecische Regierung verfolgt heute eine Namensgebungspolitik, die sich des Vorwurfs der «toponymischen Annektion» bewusst ist, und hat angefangen, dem ursprünglichen indianischen Namen eines Ortes, Flusses und so weiter vermehrt Rechnung zu tragen. Man darf darin eine Geste der Einsicht in den Umstand sehen, dass auch die Ureinwohner das Recht haben auf einen sprachlichen Bezug zu ihrem Land.

In Matapédia fließt der gleichnamige Fluss in den Ristigouche; der Ortsname bedeutet «Begegnung der Wasser». Der Legende zufolge mündete einst jeder der beiden Flüsse direkt ins Meer. Der Ristigouche verlangte jedoch nach der kleineren Matapédia als Gemahlin, die sich aber zierte. Schließlich rief der Ristigouche den Gott Gluscap an, der für alles Gute in der Welt sorgt, während der mit seinem Stab in der Hand auf dem Zuckerhut stand, einem Berg in der

Gaspésie. Der Gott bückte sich und schlug an die Felswand, worauf sich ein großes Stück aus dieser löste und in den Ristigouche fiel, so dass er abgeleitet wurde. Er stürzte sich auf die kleinere Flussfrau und ergriff sie und vereinte sich mit ihr. Die Ehe hat die Jahrhunderte unbeschadet überstanden.

Oben *Rivière Rouge in den Laurentides (Laurentians), Teil des Kanadischen Schildes*

Folgende Doppelseite *Été Indien bei St. Jovite, Laurentides*

Neufundland und Labrador

Oben *Im Fischerdorf Quidi Vidi bei St. John's*

Links *Felsenküste bei Bay Bulls südlich von St. John's*

Es hat sich mittlerweile herumgesprochen, dass Christoph Kolumbus doch nicht so ganz der erste Europäer war, der Amerika bereiste. Dieser Ruhm wird heute den Wikingern zugesprochen, die vermutlich zwischen 985 und 996 auf das sagenumwobene «Vinland» (Neufundland) stießen und dort sogar mehrere Jahre lang in L'Anse aux Meadows an der Nordspitze der Insel eine kleine Siedlung unterhielten. Erstaunlich ist die Genauigkeit des Wikinger-«Einwohneramts», denn dort wurde doch tatsächlich sogar der Name des ersten in Amerika geborenen Europäers festgehalten: Snorri Thorbrandsson soll er geheißen haben.
Leicht gewesen sind die ersten Jahre auf dem neuen Kontinent bestimmt nicht. Wer einmal den Bissen der kleinen schwarzen Kriebelmücken (blackflies) ausgesetzt war, die im Frühsommer – und leider manchmal auch später – in dicken Schwaden Menschen und Tiere umschwirren und unerbittlich stechen und beißen, kann sich leicht vorstellen, dass da jemand die Flucht ergreift, auch wenn das Land von Elchen und anderem Wild und das Meer von Fischen wimmeln.

Rechts ***Der ältere (1836) der beiden Leuchttürme von Cape Spears auf der Halbinsel Avalon (südlich von St. John's)***

Folgende Doppelseite ***Tausende von Tölpeln (Basstölpel, Morus bassanus) besitzen den Bird Rock des Cape St. Mary's Ecological Reserve (Avalon-Halbinsel)***

In den Narrows, der fjordähnlichen Meeresenge, die den Hafen von St. John's mit dem Atlantik verbindet

Angeblich gibt es auch heute noch auf der Insel, auf deren 112 299 Quadratkilometern (soviel wie die Insel Irland und die Schweiz zusammen) rund 600 000 Einwohner leben, mehr Elche als Neufundländer. Die dünne Besiedlung und die unausweichliche Gegenwart der Elemente, insbesondere des allgegenwärtigen Meeres, hat die Menschen hierzulande geprägt; der soziale Kontakt hat einen ungleich höheren Stellenwert als in den dichter besiedelten Gegenden und industriellen Ballungszentren des Kontinents.

Allerdings wird die Informationsgesellschaft – und zu einer solchen soll Kanada ja nach dem Programm der Bundesregierung in Ottawa werden – auch vor dieser Idylle nicht lange Halt machen; der Blick auf den PC-Bildschirm übt seine Magie im Vorort von Toronto ebenso unwiderstehlich aus wie in Hearts' Delight, wo sich Fuchs und Fisch gute Nacht sagen. Vorerst bewahrt sich die Insel in sozialer Hinsicht ihre Einzigartigkeit: Verglichen mit der multikulturellen Gesellschaft Kanadas zeichnet sich Neufundland durch einen hohen Grad an kultureller Homogenität aus. Bis auf kleine Minoritäten besteht die Bevölkerung aus britischen und irischen Siedlern, denen es gelungen ist, den Graben zwischen ihren Religionen zu überbrücken. Sie sprechen einen Dialekt, der sich ebenfalls deutlich von der Sprache Kontinentalkanadas unterscheidet, was den Stoff zu einer ganzen Tradition von sogenannten Newfie jokes geliefert hat, ähnlich den Ostfriesenwitzen in Deutschland, in denen sich so mancher Überlegenheitskomplex abreagiert.

Bootstour beim Western Brook Pound (Gros Morne National Park im Westen der Großen Nordhalbinsel)

Ein Beispiel: Drei Häftlinge, einer aus Montréal, ein anderer aus Toronto und ein dritter aus Neufundland, rennen auf der Flucht vor der Polizei in eine Gasse. Da sehen sie drei Kartoffelsäcke und kriechen hinein. Kaum sind sie drinnen, kommen auch schon die Polizisten. Irgendwie kommen denen die Säcke verdächtig vor. Einer tritt gegen den ersten Sack. «Miau!», klingt es kläglich daraus hervor. Angesichts der Umgebung ist das plausibel. Auch der nächste Sack wird getreten: Ein lang gezogenes «Wau!» ist die ebenso überzeugende Antwort. Nun tritt er gegen den dritten Sack, in dem der Neufundländer steckt: «Kartoffeln!»

Newfoundland and Labrador ist das zweitjüngste Mitglied der kanadischen Föderation: Erst 1949 wurde es mitsamt seinem noch geringer besiedelten Festlandanteil, dem Osten von Labrador (292 218 Quadratkilometer), als zehnte Provinz eingegliedert. Und das keineswegs mit Einstimmigkeit und Hurra. Reichlich ist der Tisch in Neufundland nie gedeckt gewesen, und nach Ende des Zweiten Weltkriegs geriet die Insel nach kurzfristigem Kriegsprofit – drei großflächige US-amerikanische Militärstützpunkte brachten ab 1941 Teilen der Insel unverhofften Wohlstand – erneut in eine tiefe Wirtschaftsflaute. Die Föderationsprotagonisten strichen die wirtschaftlichen Vorteile der Mitgliedschaft heraus und erzielten damit eine knappe Mehrheit für das Ja.

Der Niedergang der Fischerei und andere nur langsam nachvollzogene Veränderungen in den nationalen und internationalen Marktbedingungen haben dazu geführt, dass auch heute noch das

Pro-Kopf-Einkommen deutlich unter dem nationalen Durchschnitt liegt; die Arbeitslosenquote ist dementsprechend höher. Dennoch ist beim Besuch der Insel nichts von Armut zu spüren. Irgendwie verteilt ein höherer Gemeinschaftssinn den Reichtum Kanadas in einer Weise, die von rein utilitaristischen Erwägungen frei ist. Vordergründig mag es zwar die Spekulation sein, dass eine gefütterte Bevölkerung die Hand wählt, die das Manna verteilt. Andererseits zeugt es von einer erweiterten Perspektive, wenn materielle Lebensqualität nicht nur für diejenigen da ist, die in Büros und Fabriken den nationalen Wohlstand erarbeiten, sondern auch für die, denen der Unterhalt einer einzigartigen Landschaft anvertraut ist. Und diese Aufgabe erfüllen die Neufundländer mit ganzer Seele.

Die älteste von Europäern gegründete Stadt Nordamerikas

Wer durch die malerisch-schmucken Ortschaften entlang der Küste fährt, durchquert in diesem Sinne ein Freilichtmuseum – eben von kanadischen Ausmaßen. Empfehlungen auszusprechen, ist angesichts der allgegenwärtigen Schönheit einer weitgehend unberührten Natur überflüssig: Man fühlt sich überall als Entdecker, vor allem

Fischerhaus in Tilting auf der Fogo Island (nordwestlich der Insel Neufundland)

St. John's, Hauptstadt von Neufundland

wenn man sich die Zeit nimmt, eine Bootsfahrt entlang der einsamen Ostküste der Long Range Mountains oder der Südküste bei Burgeo zu unternehmen. Hier und da sitzen verlorene Ansiedelungen auf den felsigen Küsten, umkreist von Scharen von Seevögeln. Das Heulen von Seehunden schallt durch den Wind, dann steigt plötzlich in unmitelbarer Entfernung des Bootes eine Fontäne aus dem Wasser: Eine Schule von Walen zieht gemächlich vorüber. Es sind hier auch Eisbären gesichtet worden, die sich in der Arktis auf einen Eisberg verirrt hatten und von diesem nach Süden entführt wurden.

Wem es bei so viel Natur wieder nach etwas mehr hektischem Stadtleben gelüstet, findet in Saint John's, Hauptstadt der Provinz und zugleich älteste von Europäern gegründete Stadt in Nordamerika, einen kleinen Trost. Pubs für die etwas mehr als 100 000 Einwohner gibt es in Hülle und Fülle, und auch das kulturelle Angebot ist durchaus beeindruckend.

Und wer die Hand an den Puls der Geschichte legen will, geht auf den Signal Hill, wo 1901 Marconi das erste Radiosignal aus Europa empfing. Vom Lester's Field starteten 1919 die Piloten John Alcock und Arthur Whitten Brown zu ihrem ersten transatlantischen Nonstopflug nach Clifden in Irland. Und wer sich für die Beothuks interessiert, die sagenumwobenen verschwundenen Ureinwohner der Insel, kann dazu das speziell für diesen Zweck eingerichtete Museum besuchen.

Aufstieg und Fall der Kabeljaufischerei

Das Meer war so voller Fische, dass man nur ein Handnetz über Bord lassen und wieder heraufziehen musste, und schon hatte man genug für eine ganze Mannschaft.

So beschrieben die ersten Seeleute ihren ersten Fischfang an den Küsten Neufundlands. Was es da so in Hülle und Fülle gab, war sicher Kabeljau, der für dreihundert Jahre ein Hauptnahrungsmittel der Küstenbewohner war und von diesen in alle Welt verkauft wurde. Zahlreiche kleine Museen an der ganzen Atlantikküste zeigen die Geschichte des «King Cod» und die Warenströme des Pökelfischs. Auch heute noch genießt man diese Meeresdelikatesse in den Restaurants entlang der Küste (und die ist nirgendwo weit entfernt). Allerdings isst man heute eine vom Aussterben bedrohte Art. Denn mit der Zeit wurden die Fangschiffe größer, bis zu neunzig Tonnen Fisch ergossen sich aus einem Schleppnetz, das groß genug wäre, um ganze zwölf Boeing 747 einzuwickeln.

Kanadische Fischereiminister erklärten begeisterte, dass mit Schleppnetzen die «Hygiene des Meeresbodens in optimaler Weise gesichert» werde – wahrscheinlich, weil auf diese Weise alle nicht nutzbaren Meeresbewohner zerquetscht und die unansehnlichen Korallen abgeschliffen werden. Und es kamen ja nicht nur kanadische Fangschiffe, sondern schwimmende Fischfabriken aus aller Herren Länder. Der Jahresbericht 2003 der Cosewic (Kommission zur Situation wildlebender Tier- und Pflanzenarten in Kanada) zieht die Bilanz, dass in einer großen Anzahl von Fischgründen die Kabeljaubestände seit 1960 um mehr als neunzig Prozent abgenommen haben und eine Erholung nicht in Sicht ist. Ein Fangmoratorium bietet leider auch keine absolute Sicherheit, weil man bei der Größe der Netze ja nicht selektiv fischen kann, und so kommt es immer wieder vor, dass große Mengen von Kabeljau, die durch den Fangvorgang bereits verletzt und verstümmelt worden sind, wieder über Bord geworfen werden, um den Fischinspektoren keinen Grund für Sanktionen zu geben. Es wird weltweit ein gründliches Umdenken bei Regierungsstellen und Verbrauchern geben müssen, um in einem der bedeutendsten Fischgründe der Welt ein neues ökologisches Gleichgewicht herzustellen.

Zu hoffen bleibt auch, dass der verständliche Drang der Provinz nach wirtschaftlicher Selbständigkeit sie nicht dazu verleitet, den Ölgesellschaften bei der Erschließung der umfangreichen Felder vor der Küste uneingeschränkt freie Hand zu lassen. Bereits jetzt treiben an den Stränden der Insel jährlich 300 000 ölverklebte tote Seevögel an, Opfer der trotz aller Verbote immer noch praktizierten Bunkerspülung von Tankern. Es wird mehr als nur legislative Initiativen in Ottawa und Saint John's geben müssen, damit dieser fahrlässigen Umweltzerstörung ein Ende gesetzt wird.

Zankapfel Wasser

Wasser ist ja eigentlich etwas, das vereint. Es waren die Wasserstraßen der Neuen Welt, die seit Tausenden von Jahren das Land erschlossen und für einen kontinentweiten Austausch sorgten. Kaum staut man Wasser, gibt es auch schon Probleme. Das fängt bei den Bibern an, deren Bautätigkeit plötzlich ein Tal in einen See verwandelt, Wiesen und Straßen unter Wasser setzt. Das setzt sich fort bei Stauwehren und Schiffsschleusen, die sich der Migration der Fische in den Weg stellen. In politische Dimensionen ragen dann Megadämme wie das Churchill-Falls-Projekt in Labrador hinauf, wo es um Milliarden (von Kilowattstunden und natürlich harten Dollars) geht. Verwickelt in den Streit sind die Provinzen Neufundland, zu welcher der Ostteil Labradors gehört, und Québec. Das Wasser kommt von beiden Seiten.

Da heißt es nun kräftig pokern, damit man nicht den Kürzeren zieht. Die dritte Partei wurde im Kräftemessen der Provinzen lange Zeit überhört – die ortsansässigen Innu. Für die Überflieger und Statistiker in den jeweiligen Provinzhauptstädten war das Land theoretisch leer; dass dort Menschen und Tiere leben (die mit Mühe die jahrelangen Tiefflugübungen der Nato-Düsenjäger überlebt haben), ist auch heute noch in den Planungsbüros nur schwer vorstellbar. So entstand auf den Reißbrettern die Vision eines erweiterten Staudammprojekts, dem durch Überflutung von fast 1200 Quadratkilometern weitere Siedlungs- und Jagdgebiete der Innu, einschließlich des artenreichsten Biotops Labradors, das Churchill-River-Tal, zum Opfer fallen sollen. Doch ist das allgemeine Umweltbewusstsein am Zunehmen.

In einem aufsehenerregenden Urteil des Obersten Gerichtshofs von Neufundland aus dem Jahr 1997 heißt es: «In sehr unmittelbarem Sinne geben auch die Ureinwohner die Interessen ihrer Mitbürger in der Provinz insofern wieder, als das Umwelterbe ein Gemeingut ist, das für alle Bürger Neufundlands und Labradors schützenswert ist, wo auch immer sie wohnen mögen. [...] Schließlich führt die vorbehaltlose Entwicklung ohne Einbeziehung von Umwelterwägungen zu schwerwiegenden Problemen, von denen kommende Generationen aus allen Teilen der Provinz in Mitleidenschaft gezogen werden.»

Schützenhilfe bekommen die Ureinwohner auch von anderer Seite. Denn zum Glück gehören zu den vorgesehenen Überflutungsgebieten auch mehrere Flüsse, in denen die Lachsmigration noch nicht gestört worden ist und die der Provinz erhebliche Einnahmen durch Sportfischerei und Tourismus bringen. Vorsichtige Ökonomen wollen den sicheren Spatzen in der Hand nicht wegen der hypothetischen Taube auf dem Dach davonfliegen lassen, denn die Rechenkunststücke zur volkswirtschaftlichen Rentabilität des neuen Megaprojekts sind, wie auch die Umweltgutachten, alles andere als überzeugend und ganz offensichtlich nicht von Lachsanglern und Landeskundigen erstellt worden. Denn hier wird per Computersimulation errechnet, dass es den Lachsen in den geschröpften Flüssen sehr viel besser gehen werde (dasselbe gilt analog für die Ureinwohner) als je zuvor. Es bleibt zu hoffen, dass bei allem Simulieren auch der gesunde Menschenverstand und die Landeskenntnis der Ureinwohner ihre Rolle spielen werden, die sich durchaus nicht auf den Status quo versteifen, sich aber andererseits, im Sinne des obigen Urteils, als Wahrer des Gemeininteresses verstehen.

Exklaven

Die französische Exklave in Kanada: Ein Kuriosum aus der Kolonialzeit Frankreichs in Nordamerika sind die beiden winzig kleinen Inselgruppen Saint-Pierre-et-Miquelon an der Südküste von Neufundland. Auch heute noch stehen die Inseln unter französischer Verwaltung (im Range eines Departements) und sind damit westlichster Vorposten der EU im Nordatlantik. Wenn man von Arbeitslosigkeit leben kann, so ist das einer der «Haupterwerbszweige» der Inselgruppe, denn der Fischfang mit den ständig umstrittenen Fangquoten ist keine Einnahmequelle mehr.

Die kanadische Exklave in Frankreich: Mitten in den Hügeln des französischen Teils von Flandern liegt die Gedenkstätte von Vimy. In dieser historischen Landschaft kämpften im Ersten Weltkrieg Soldaten aus allen Provinzen Kanadas und erwarben sich unter den Schwaden von Giftgas und im Schlamm der Gräben Ruhm und die offizielle Ehre, einen Grundstein für das kanadische Nationalbewusstsein gelegt zu haben; wieder einmal war – so wollen es manche Historiker – der Krieg der Vater aller guten Dinge. Eine anschauliche Geschichte des Entstehens dieses Mahnmals lässt sich im Roman *The Stonecarvers* (Die Steinmetze) der bekannten kanadischen Autorin Jane Urquhart nachlesen. Die Gedenkstätte steht auf einem Gelände, das Frankreich seinem Verbündeten auf alle Zeiten zum Dank für das Opfer von 66 000 Kanadiern vermacht hat, die auf den Schlachtfeldern Flanderns starben. Es wurde nach elfjähriger Bauarbeit im Juli 1936 eingeweiht, kaum drei Jahre vor Beginn des Zweiten Weltkriegs; dieser Aspekt des ergreifenden Mahnmals stimmt ebenso nachdenklich wie die allegorischen Gestalten, die in einen stillen Himmel ragen, an dem aller Schlachtendonner so spurlos vorübergegangen ist.

Cabot Tower, 1897 auf dem Signal Hill von St. John's erbaut

Neuschottland

Oben *Louisbourg auf Cape Breton Island: Historische Szenen in der riesigen Festungsanlage, 1715 von den Franzosen erbaut, später von den Briten geschleift und dann als nationales Denkmal wiederaufgebaut*

Links *Fischerstädtchen Prospect, 25 Kilometer südwestlich von Halifax*

Nova Scotias Hauptstadt Halifax ist eine der ältesten kanadischen Städte. Bevor die Flugfahrt den transatlantischen Verkehr für sich in Beschlag nahm, war dieser Hafen das Tor zu Kanada und machte seinem ursprünglichen Namen *chebucto*, was in der Sprache der Micmac-Indianer «der größte Hafen» bedeutet, alle Ehre. Die großen Dampfer aus Rotterdam, Hamburg und Southampton brachten reiche Abenteuersuchende und bettelarme Flüchtlinge. Auch heute noch gehört Halifax zu den wichtigsten Warenumschlagplätzen des Landes.

Die hoch über die Stadt ragende Zitadelle ist eine der meistbesuchten historischen Stätten in Kanada. Der Bau der heutigen Festung begann im September des Jahres 1828; es dauerte nahezu dreißig Jahre bis zur Fertigstellung. Auf Grund ihrer Lage und ihrer beispielhaften Befestigung wurden Zitadelle und Stadt niemals angegriffen. Die hierher entsandten britischen Offiziere und Beamten genossen die Muße, die es ihnen ermöglichte, auch den schönen Künsten einige Aufmerksamkeit zu schenken: Viele von ihnen gaben ein Gemälde des Hafens von Halifax als Erinnerung an ihrem Aufenthalt in Kanada in Auftrag.

Weniger gut erging es der heute mit großem Aufwand restaurierten Festung Louisbourg, die von den Franzosen erbaut wurde, um ihre Besitzungen in der Acadie zu sichern. Von den Engländern von ihrem Hinterland abgeschnitten, fiel die als uneinnehmbar geltende

Hafenblick auf Downtown Halifax

Festung 1758 nach anhaltendem unerbittlichem Bombardement. Damit war das Schicksal der französischen Bevölkerung der Acadie besiegelt: Die bereits 1855 aus dem weiteren Umland eingeleitete Deportation wurde bis 1862 mit unnachsichtiger Gründlichkeit durchgeführt und entwurzelte rund 12 000 Menschen, die, soweit nicht von den Beschwernissen der Reise und den Pocken dezimiert, zum größten Teil in die südlichen Kolonien Nordamerikas vertrieben wurden, wo heute noch das sogenannte Cajun (von französisch acadien) gesprochen wird. Etwa 800 000 Einwohner des US-Bundesstaats Louisiana sind stolz auf ihre acadische Herkunft. An der Geschichte dieser ersten größeren Deportationsmaßnahme in der Neuen Welt Interessierten sei der Roman *Pélagre-la-Charrette* von Antoine Maillet empfohlen, der den Leidensweg einer Familie durch die Wirren dieser Zeit schildert.

Pier 21 und eine Erfolgsgeschichte

Der Pier 21 in Halifax ist Kanadas letzte erhaltene Einwanderungsstation. Die heute in ein Museum umgewandelte

Rechts 1803 ***errichtet: Uhrturm in der Hauptstadt Halifax***

Folgende Doppelseite ***Einmal kippt er – der Balancing Rock auf Long Island an der Bay of Fundy im Westen Neuschottlands***

Anlage zeigt die Geschichte der Einwanderung von mehr als einer Million Immigranten, Kriegsbräuten und Flüchtlingskindern, für die Halifax zwischen 1928 und 1971 das Tor zu einer neuen Existenz war. Das innovativ gestaltete Zentrum beinhaltet interaktive Ausstellungen und viele Fotografien.

«Das Schiff legte am Pier 21 an, wir wurden ausgeladen und in einen wartenden, alten Sonderzug verfrachtet, bewacht wie Kriegsgefangene. In zwei Tagen hatten wir die zweitausend Kilometer bis Montréal hinter uns gebracht. Dort wurde der Zug aufgelöst, mein Wagen wurde nach Ottawa geschickt. Dort warteten Farmer, die sich einen von uns aussuchten, so auch mich. Meine Kiste flog auf den Pick-up-Truck, und ab gings. Als ich ankam, ging es gleich mit dem Pferdewagen raus, Heuballen laden. Nach der Heuernte folgte bald die Getreideernte, das Drehen von Strohseilen, das Binden und Aufstellen der Garben. Dann kam das Dreschen. Alle Farmer aus der Umgebung kamen mit ihren Pferdegespannen. Die Frauen kamen mit und kochten für die Männer. Vom ersten Sonnenstrahl bis zur Dunkelheit, nur unterbrochen für das Melken der Kühe. Es gab in Massen zu essen und es machte unheimlich Spaß. Die stärksten mussten die Säcke tragen, und alle wollten sehen, wie dieser junge Fremde aus Feindesland seinen Mann stand. Nun, ich habe die Doppelzentnersäcke getragen, ohne zu wanken. Eines Tages fehlte meine Lederhose. Ich fragte die Farmerin – ‹Die habe ich gewaschen, sie stand vor Dreck.› – Ende! Nach den ersten zwei Monaten fuhr ich per Anhalter nach Ottawa, um Johanna die Schiffsfahrkarte zu bestellen. Am 23. Dezember 1952 kam Johanna an einem grauen, kalten Wintertag in Ottawa an. Der Schnee lag zwei Meter hoch in den Straßen, und die sonst schon krummen Strom- und Telefonmasten mit Bündeln von Kabeln duckten sich an diesem Tage noch mehr. Es war an Johannas 18. Geburtstag, und sie sagte: ‹Ich will wieder nach Hause!› – Dann aber nie mehr.

Auf der Farm war kein Platz für uns beide. So wanderte ich die zwölf Kilometer jeden zweiten Tag nach der Stallarbeit, so um 20 Uhr, los, angetan mit allem, was ich zum Anziehen hatte, und einer Fellmütze der deutschen Wehrmacht aus dem Russlandfeldzug. Es war bitter kalt: minus 15 bis minus 30 Grad, meist pfiff der Wind, die Landstraße war vereist. Eine halbe Stunde mit Johanna, dann kam der Rückmarsch, denn morgens um 6 Uhr ging die Arbeit im Stall los. Ich musste mich mit aller Macht wach halten und zog, Fahrten-, Volks- und Soldatenlieder singend, meines Weges. Die Farmer entlang der Straße sagten schon, da kommt der verrückte singende Deutsche.

Um Weihnachten 1954 fand ich einen gut bezahlten Job als Hilfsarbeiter, Ka-

Rechts ***Fischerstädtchen Peggy's Cove, wo oft Nebel den Sonnenschein verdrängt***

FISHERIES MUSEUM OF T

ROYAL BANK
CRUISE SHIPS WELCOME
FRESH SEAFOOD
RESTAURANT
43

belgräben auf einem Flughafen graben, im Frost bei minus 10 Grad. Meine Idee, die Trassen so lange wie möglich vorher mit Strohballen abzudecken, fand Anklang und sickerte anscheinend nach oben durch. Es war der Anfang meines Aufstiegs, ungewollt, denn es sollte nur unsere Arbeit vereinfachen. Ich wurde stro-boss, eine Art Unter-Untervorarbeiter, der etwa wieder vier bis fünf Mann befehligte und selbst mitarbeitete. Aber Ausdauer, Einsatzwille und Verlässlichkeit zahlten sich aus: in kurzen Abständen Vorarbeiter, stellvertretender Baustellenleiter, Baustellenleiter, Oberbaustellenleiter, Superintendent, General-Superintendent Eastern Operations und dann Geschäftsführer. Wir arbeiteten in einem Gebiet von fünf Millionen Quadratkilometern, zehnmal so groß wie das Deutsche Reich von 1939.»

(Helmut Schmitz: «21 Jahre Kanada. Eine Geschichte, die das Leben schrieb» in: «Deutsch-kanadisches Jahrbuch», Toronto, Bd. 17, 2002 [2003])

Die Halifax-Explosion

Keiner von den Schaulustigen, die sich am 6. Dezember 1917 auf den Kais im Hafen von Halifax einfanden, um zuzusehen, was sich draußen auf der Reede abspielte, ahnte, dass sein Genuss am Desaster für ihn tödlich sein würde. In den frühen Morgenstunden war durch menschliches Versagen das belgische Schiff *Imo* mit dem französischen Munitionstransporter *Mont Blanc* kollidiert. Das daraufhin ausgebrochene Feuer führte zur Zündung von 2766 Tonnen Pikrinsäure, TNT und Geschützwolle, insgesamt genügend Sprengstoff, um die größte von Menschenhand herbeigeführte Explosion vor Hiroshima auszulösen. Die Detonation machte weite Teile der Stadt dem Erdboden gleich, zerstörte Fenster im hundert Kilometer entfernten Truro und wurde selbst auf der Prince-Edward-Insel noch gehört. Der in Europa tobende Krieg, in dem sich in den Hügeln und Feldern Flanderns deutsche und britische (und das heißt auch kanadische) Soldaten einen erbitterten Kampf lieferten, war mit einem Male kein fernes Ereignis mehr, sondern unmittelbare, vernichtende Realität: Von einer Bevölkerung von weniger als 50 000 wurden mehr als 1600 Menschen getötet. 1600 Gebäude wurden zerstört, 12 000 beschädigt. Krieg scheint etwas zu sein, das nicht mit einer Frontlinie aufzuhalten ist.

Wo ist es in Kanada nachts am dunkelsten? Jenseits des Polarkreises, werden die Kenner des Nordens sagen. Für den Kumpel in den Kohlengruben bei Sydney ist es dagegen klar: unter Tage natürlich, und nicht nur nachts. Hier wurde bereits im Jahr 1720 in der damals noch französischen Kolonie die erste Kohlengrube Nordamerikas angelegt. Hunderte von Metern erstrecken sich die Flöze unter das feste Land und kilometerweit bis unter den Atlantik. Kohle war der Treibstoff für die junge kanadische Schwerindustrie, die sich in den Atlantikprovinzen in unmittelbarer Nähe der Gruben ansiedelte. Sie hat auch für die erste industrielle Folklore des Landes geführt. Denn Kohle befeuerte nicht nur die Hochöfen, sondern auch die Spekulationen der Investoren und ein soziales Umfeld, in dem Charles Dickens manchen Stoff für seine Gesellschaftskritik gefunden hätte.

Die Tagesschichten der Stahl- und Grubenarbeiter dauerten elf Stunden, die Nachtschichten 13, bei Schichtwechsel waren 24 Stunden am Stück abzuleisten; Urlaub war noch nicht einmal dem Wort nach ein Begriff. Die Lösung von aufflammender Unzufriedenheit war wie auch in der Alten Welt das Herbeirufen von Militär: Die Streiks von 1882, 1909/1910 und 1922–1925 wurden mit aller verfügbaren obrigkeitlichen Macht niedergeschlagen; ja sogar Bombenflugzeuge wurden in Alarmbereitschaft versetzt, als die Arbeiter 1922 auf die Straße gingen, um dagegen zu protestieren, dass der magere Wochenlohn von ihrem Brotgeber, der British Empire Steel Corporation, nun auch noch um rund ein Drittel gekürzt worden war.

Diese Befriedungsstrategie hatte jedoch nicht den erwarteten Erfolg, woraufhin die Regierung mit elektrischem Draht und Maschinengewehrnestern an den Grubenköpfen nachlegte. Der 155 Tage dauernde Streik schuf das Szenario für ein modernes Epos: Ganze Familien teilten ein Suppenessen aus Kartoffelschalen, Makrelen und Kohl, Kinder

Oben und vorhergehende Doppelseite ***Städtchen Lunenburg, gegründet 1753 von zumeist deutschen Bauern, die bald zu Fischern wurden***

gingen mit Mehlpapiersäcken bekleidet in die Schule, berittene Miliz löste Versammlungen von Stahlarbeitern mit Baseballschlägern und schließlich auch Schüssen auf – ein Märtyrer wurde geschaffen. Noch heute ist der Davis Day für die Kumpel auf Cape Breton ein Tag des Gedenkens an ihren Kameraden Bill Davis.

Zwar verhalf die Opec-Krise den Gruben noch einmal zu neuer Bedeutung und einem Zufluss von Subventionskapital, das auch zu entscheidenden Verbesserungen in den Arbeitsbedingungen führte, doch brachte die unaufhaltsame Umstellung auf Erdöl schließlich den strukturellen Niedergang. Heute liegen die Gruben praktisch still, Erinnerungen an eine bewegte Zeit, von der noch für einige Jahre ein 1966 gegründeter Chor aus aktiven und pensionierten Kumpeln Zeugnis ablegen wird. Die Men of the Deeps haben eine bühnenwirksame Song-Show inszeniert und singen auf Welttournee vom Leben unter und natürlich auch über Tage.

Die Cape-Breton-Insel

Sydney liegt auf der Insel Cape Breton, die sonst vor allem wegen ihrer spektakulären Naturszenerie und der Musizier- und Tanzfreudigkeit ihrer meist aus Schottland stammenden Bewohner bekannt ist, die hier eine aus der Heimat vertraute Landschaft fanden. Aber auch Iren und Franzosen siedelten sich an, Letztere vor allem Vertriebene aus Neuschottland. Die Namen der Ortschaften – Inverness, Dunvegan, St-Joseph-du-

Moine, Grand Etang sind toponymische Zeugen der Koexistenz entlang dem Cabot Trail.

Benannt wurde diese Straße nach dem genuesischen Seefahrer Giovanni Caboto, der im Auftrag König Heinrichs VII. von England auf die Suche nach einer Passage nach Indien im Jahre 1497 als Erster nordamerikanischen Boden betrat. Die erst 1932 fertig gestellte Straße ist eine der wohl atemberaubendsten Küstenstraßen der Welt – auf der es vorkommt, dass verängstigte auswärtige Autofahrer die falsche, weil sicherer erscheinende Straßenseite wählen, um an den Steilabgründen vorbeizukommen. Wer von solchen Ängsten frei ist, kann die gewaltig geschwungene Küstenlinie genießen, der die Straße in kühner Berg-und-Tal-Fahrt folgt.

Wer auf Cape Breton das Tanzbein schwingen will, wird, auch wenn die ersten Schritte zu der ungewohnten Musik noch etwas staksig sein mögen, gewiss nicht so schnell zum Gespött der fröhlichen Menge. Im Nu hat man eine helfende Hand gefunden, die einem zeigt, wie man zu einem halbwegs ansehnlichen Highland Dancer wird. Es könnte sogar die von Nathalie McMaster sein, der landesweit und international bekannten fiedelnden und tanzenden Alleinunterhalterin, die sich trotz Weltberühmtheit immer noch gerne «unters Volk» begibt.

Urwaldidylle am Mersey River im Kejimkujik-Nationalpark

Herbst in St. Stephen an der Grenze zu Maine, USA

Neubraunschweig

Fischerboote in Alma, Chignecto Bay, Nebenbucht der Bay of Fundy

Man ist immer wieder erstaunt, wenn man auf der Karte die kleinen «Anhängsel» am kontinentalen Kanada sieht und dann seine Fahrtzeiten nach diesem Maßstab berechnet. Denn vom Ende des Cabot Trail in Margaree Forks bis an die Landenge von Chignecto, der Grenze zu Neubraunschweig (New Brunswick) sind es eben doch rund vierhundert Kilometer. Langweilig ist die Fahrt durchaus nicht, denn immer wieder durchquert die Straße eine Bucht, und auch sonst schweift der Blick über weite Strecken hinweg über das Meer. Von Chignecto bis Fredericton, der Hauptstadt von Neubraunschweig, sind es dann noch einmal zweihundert. Man kommt hier meistens zusammen mit Staatsbesuch aus Großbritannien an; so zumindest wirkt es, wenn man den vielerorts im Winde flatternden Union Jack sieht.

Hier schlägt noch manches Herz britischer als im europäisch aufgeweichten Mutterland. Und stolz ist man hier auch auf den später geadelten Sohn der Provinz, Lord Beaverbrook, der während des Zweiten Weltkriegs in der britischen Herzensheimat zum Minister für die Flugzeugproduktion aufstieg und dann mit dem *Daily Express* den Grundstein für ein Medienimperium legte. Zwar verbrachte er den größten Teil seines Lebens außerhalb der Provinz, doch hat er ihr auf die Entfernung viel Gutes zukommen lassen; ihm ist die Beaverbrook Art Gallery gewidmet, in der unter anderem Bilder von Cornelius Krieghoff, dem romantischen Maler der Kolonialzeit, und der Group of Seven zu sehen sind.

Das Herzland der Provinz ist das Tal entlang dem Saint John River mit seinem fruchtbaren Ackerland. Den Fluss hinunter trieben bis noch vor wenigen Jahrzehnten die großen Flöße, die Holz zu den Werften und später zu den Papierfabriken brachten. Heutzutage entwickelt sich eine interessante neue Industrie: Von den Flößen verschwanden, wenn die Stämme zu lange im Wasser lagen, nicht unerhebliche Mengen von Holz, das sich in das Sediment am Boden einbettete. Dieses lang abgelagerte, hochwertige Holz wird heute unter Einhaltung ökologischer Gesichtspunkte gehoben und erzielt Spitzenpreise auf dem Edelholzmarkt.

Die Geschichte von Neubraunschweig ist wie die von Neuschottland und der Prinz-Edward-Insel von der – nicht immer friedlichen – Nachbarschaft von französischen und englischen Siedlern geprägt. Davon, dass auch andere Volksgruppen ihren Beitrag leisteten, ist wegen der Dominanz dieser Siedler bei der Wahl der Ortsnamen nicht viel zu sehen; trotzdem sind zahlreiche weitere Herkunftsländer in Neubraunschweig vertreten. Auch hier verstrich eine lange

Rechts ***Indian Summer am Fluss Saint John, nahe der Hauptstadt Frederictown***

Folgende Doppelseite ***Küste an der Bay of Fundy***

Die Hopewell Rocks – Felsen der Guten Hoffnung am gleichnamigen Kap in der Bay of Fundy – sind gemeißelt von Ebbe und Flut, die hier einen der größten Tidenhübe der Welt erreichen

Zeit zwischen der Entdeckung im Jahre 1604 durch Samuel de Champlain und dem eigentlichen Beginn der Besiedlung nach 1776, als nach der US-amerikanischen Unabhängigkeitserklärung etwa 30 000 Loyalisten, also amerikanische Siedler vor allem aus den nordöstlichen Staaten der USA, die weiterhin unter königlicher Hoheit leben wollten, über die Grenze strömten.

Allein 14 000 von ihnen segelten in die Bucht von Saint John und machten den kleinen Handelsposten über Nacht zu einer Boomstadt: Diesmal kamen keine abgehärmten Bauern, die bereit waren, im Schweiße ihres Angesichts den Urwald zu roden, sondern Bürger und Geschäftsleute, die es in der Neuen Welt bereits zu Wohlstand gebracht hatten. Werften und Handelshäuser entstanden um den geschäftigen Hafen und gaben der Stadt den Beinamen «Liverpool of America». Im Juli jeden Jahres werden daher auch die Loyalist Days gefeiert, bei denen die Stadt gewissermaßen zur Freilichtbühne wird, auf der kostümierte Nachfahren die Landung im Jahre 1783 reinszenieren. Historische Gebäude aus der damaligen Zeit sind kaum zu sehen; wie viele andere kanadische Städte wurde auch Saint John das Opfer eines Stadtbrands, der 1877 die Hälfte der Stadt einäscherte.

Umgekehrte Wasserfälle

Eine besondere Attraktion der Stadt sind die Umgekehrten Wasserfälle: Bei dem gewaltigen Tidenhub in der Bay of Fundy, der im Minas Basin 16 Meter erreichen kann, fällt das Wasser je nach Ebbe oder Flut über einen Felssattel an der Mündung des Saint John River entweder vier Meter landeinwärts oder

Farben in Harvey, südwestlich von Frederictown

landauswärts. Bei so viel Wasserbewegung fehlen natürlich auch die Vögel nicht, die in den bewegten Wassern und im Schlick reichlich Beute finden. In der Passamaquoddy-Bucht und den in ihr gelegenen Fundy-Inseln gibt es eine Unzahl von Seevögeln. Darunter auch die putzigen, des bunten Schnabels wegen Papageientaucher genannten Wasservögel, von denen es auf Machias Seal Island eine Kolonie gibt.

Diese etwa 30 Zentimeter großen Vögel sind sonst nur selten zu sehen, da sie meist an abgelegenen Felsküsten und auf Inseln in der Arktis leben. Hier teilen sie sich mit den Seeschwalben die Wohnstätte und mit den Krabbentauchern das Jagdrevier. An Tagen, wenn der Wind an der Südspitze von Deer Island den Nebel in langen Strähnen über das gischtende Wasser treibt und dann eine gleißende Sonne eine Schar von Tölpeln aus dem Halbdämmer hervorhebt, während der riesige Tidenstrudel sein uraltes Grunzen erdröhnen lässt, Seelachse in die Luft schnellen und die langen Rücken der Wale auf und ab durch die Wellen tauchen, fühlt man sich an eine Zeit erinnert, die man selbst nie erlebt hat und die doch tief in einem verborgen ist, Ursprung einer Existenz, die mit allem, was uns umgibt, verbunden ist.

Fiddleheads, Blaubeeren und Kürbisse

Aus den Wäldern kommt nicht nur das immer noch wirtschaftlich gewichtige Holz, sondern auch die kleinen Köstlichkeiten der neubraunschweigischen Küche (die sie im Übrigen mit den anderen Provinzen im Osten des Landes teilt). Zwar ist der kanadische Lebens-

Die 13 Kilometer lange Confederation Bridge verbindet seit 1997 Neubraunschweig (bei Cape Jourimain) und die Prinz-Eduard-Insel (bei Borden-Carleton)

mittelmarkt wie der aller Industriegesellschaften weitgehend jahreszeitunabhängig, doch gibt es manche Besonderheiten im Jahresverlauf: Im Frühjahr tauchen auf den Speisekarten außer dem (meist grünen) Spargel auch die *fiddleheads* auf, die spiralfömig auswachsenden Spitzen eines Farns. Sie werden gedünstet und mit Butter begossen serviert. Es folgt dann die übliche Reihe der gängigen Sommergemüse und des Obstes; erst im Herbst dann kommt wieder eine Jahreszeitenspezialität, die Blaubeeren.

In den bewaldeten Gebieten, so also im Saint-John-Tal, aber auch sonst überall im Lande – einen besonderen Status nimmt die Gegend um den Lac St-Jean in Québec für sich in Anspruch – sind Stände am Straßenrand aufgebaut, wo man frische Blaubeeren kaufen kann, in den Bäckereien gibt es Blaubeerkuchen und Blaubeermuffins.

Kaum ist es damit zu Ende, tauchen die ersten Kürbisse auf, die dann in ganzen Horden in die Märkte und Supermärkte einfallen. Die größten von ihnen werden zu den in dieser Jahreszeit überall stattfindenden Erntefesten und Kirmessen geschickt, wo sie mit Gabelstaplern auf eine Waage gewuchtet und gewogen werden; die Tausend-Pfund-Grenze ist längst überschritten.

Viel Mühe geht in das Hochpäppeln dieser oft des eigenen Gewichts wegen sehr in die Breite gehenden Ungetüme: Stallmist natürlich, aber auch Seetang, ja sogar Ahornsaft werden nicht gespart, um den bestehenden Rekord zu brechen.

Halloween, Fest der säkularisierten Gesellschaft

In den Spielzeugabteilungen tauchen zum selben Zeitpunkt die Kostüme für Halloween (*All Hallows' Eve* – Allerheiligen) auf, wo Kanada, das während der katholischen vorösterlichen Fastenzeit allerhöchstens den Valentinstag feiert, seinen Karneval beziehungsweise seine Fastnacht vorwegnimmt. An den Bäumen der Vorgärten tauchen Skelette und zu Fratzen geschnitzte Kürbisse auf, Wattestreifen zieren entlaubte Zweige, und am Abend vor Allerheiligen, in der keltischen Tradition die Nacht der Toten, ziehen Eltern und verkleidete Kinder durch die Straßen, klingeln an fremden Türen und heimsen Süßigkeiten und kleine Geschenke ein.

In gewissem Sinne ist das Spukritual die augenfälligste Inszenierung der spirituellen Unbekümmertheit der modernen säkularisierten kanadischen Gesellschaft. Zwar geht auch heute noch der angesehene Bürger am Sonntag in die Kirche, doch tritt das soziale Element immer stärker in den Vordergrund. Hat man das Abendmahl zu sich genommen, geht es anschließend in den Gemeindesaal, wo in substanzieller Kontinuität derselbe Wein – und das allgegenwärtige Bier – angeboten wird. Die Medien sind sich nicht einig, ob und wie stark die Zahl der Gläubigen zu- oder abnimmt, doch immerhin bietet die zunehmende Säkularisierung ein neutrales Feld der Begegnung mit den zahlreichen nichtchristlichen Religionen, aus dem sich eine neue Religiosität entwickeln könnte.

Ein neuer Trend hilft seit einigen Jahren, in einer beziehungsärmeren Welt Familienzugehörigkeit zu empfinden: Zwar sind Einrichtungen wie die Kanadische Herzanfall-Stiftung, die Kanadische Krebsgesellschaft oder die Alzheimergesellschaft vordergründig zum Sammeln von Spenden für die Erforschung von Krankheitsbildern und die Entwicklung von Heil- beziehungsweise Pflegeverfahren bestimmt, doch bieten die Verbände zugleich die Einbettung in ein neues Sinngebungsgefüge. «Wir von der Alzheimer-Familie ...» Das ist eine Identitätsaussage, die diesen Trend widerspiegelt, der auf keinem politischen Radarschirm erscheint. Dabei wäre das Hinterfragen der Ursachen des chronisch kranken Gesundheitswesens wesentlich sinnvoller als das Hin-und-her-Schieben von Dollarmilliarden zwischen Ottawa und den Provinzen.

Vordenker im Bereich eigenständiger Gesundheitsvorsorge sind Initiativen wie das von dem berühmten kanadischen Endokrinologen und Stressforscher Hans Selye und dem Futurologen Alwin Toffler gegründete Kanadische Stressforschungsinstitut in Toronto. Allerdings ist der Einbettungswunsch heutzutage der Motor eines nicht unerheblichen Wirtschaftszweigs geworden.

Ein Prachtskerl der Hopewell Rocks

Prinz-Eduard-Insel

Oben *Stanley Bridge*

Links *French River*

Was für Europa der Kanaltunnel, das ist für Kanada die fast 13 Kilometer lange Konföderationsbrücke, die seit 1997 Neubraunschweig und die Prince Edward Island, kurz P.E.I, verbindet. Damit wurde ein hundertjähriges Versprechen der kanadischen Bundesregierung an die einzugliedernde Provinz eingelöst, eine ganzjährige Verbindung über den Northhumberland-Sund herzustellen. War diese auch im Sommer kein Problem, so schnitt der Winter die Insel vom Festland ab. Mühsam war der Weg per Boot, das streckenweise übers Eis getragen werden musste. Später dann kam ein Eisenbahnfährdienst, der jedoch dem zunehmenden Verkehr gerade in den Sommermonaten nicht mehr gerecht wurde. Wirklich ganzjährig ist die Verbindung allerdings immer noch nicht, denn ab Windstärke 9 wird die Brücke gesperrt.

Die Eisenbahn ist im Übrigen mittlerweile Geschichte, bewegte sogar. Denn als 1870 die allgemeine Eisenbahnbegeisterung auch auf die Insel übergriff, wollten alle angeschlossen sein. Die Folge: eine Trassenführung wie die Spur eines verfolgten Feldhasen.

Sprünge machten damit auch die Kosten: Binnen kurzem war die Inselregierung bis über die Ohren verschuldet und musste schließlich gar den Hut nehmen. Die junge Kanadische Konföderation bot ein willkommenes Geschäft: Beitritt der Insel gegen Übernahme der Schulden. Man zierte sich noch ein bisschen, handelte das besagte Ver-

Victoria, Südküste: Leuchtturm, der auch das Leuchtturm-Museum beherbergt (Victoria Seaport Lighthouse Museum)

sprechen aus und schloss sich dann 1873 an. Heutzutage sorgt der einstige Eisenbahnboom für ungeteilte Freuden, nämlich bei den Radfahrern, die auf den alten Trassen unbehelligt vom Autoverkehr durch das fruchtbare Land radeln. Räder gibt es an vielen Stellen zu leihen, Beherbergungsstätten, Cafés, Restaurants und Tearooms liegen nicht weit auseinander, und da die Insel ein nur schwach gewelltes Hügelland ist – der höchste «Berg» ist gerade einmal 142 Meter hoch –, ist keine besondere Kondition nötig, um das Schachbrettmuster von P.E.I. zu erforschen.

Abegweit nannten die Micmacs die Insel – «das von Wellen gewiegte Haus». Die französischen Siedler nannten sie «Ile St-Jean». Sie kamen allerdings erst ungefähr zweihundert Jahre, nachdem Jacques Cartier, wie bereits in Gaspé, auch hier die Indianer mit seiner Kreuzerrichtungszeremonie verblüfft hatte.

Das erste Dorf wurde 1720 gegründet und begann bald darauf, als «Vorratskammer» der Festung Louisbourg in Neuschottland diese mit Lebensmitteln zu beliefern. Auch heute noch erfüllt die Insel die Aufgabe eines Gemüsegartens für die benachbarten Provinzen und genießt in ganz Kanada den Ruf der «Kartoffelinsel». Tatsächlich gibt es landesweit in den Supermärkten kaum andere Kartoffelverpackungen als solche mit einer P.E.I.-Adresse, auch wenn die Marke manchmal «Yukon Gold» heißt. Kein Wunder, dass bei der Besiedlung der Insel auch irische Bauern nicht fehlten, die als besondere Freunde des Erdapfels gelten. Und so befindet sich auch das Kartoffelmuseum von P.E.I. inmitten der Kartoffeläcker von O'Leary in der Inselmitte.

Knapp ein Prozent der heutigen Inselbewohner sind noch indianischen Ursprungs. Viele von ihnen leben auf der Lennox-Insel in der Malpeque-Bucht im Westen der Insel, wo ihnen um das Jahr 1800 ein menschenfreundlicher Großgrundbesitzer Unterschlupf bot, und zwar grundmietfrei, als ihre Stammes- und Jagdgründe von den Scharen der vertriebenen Loyalisten und anderen Einwanderern übernommen wurden. Sie traten dann auch alle bereitwillig zum Christentum über. Heute betreiben die etwa fünfzig Familien ein ökotouristisches Zentrum und Freilichtmuseum, in dem sie einen Einblick in das Leben und die Gebräuche ihrer Vorfahren geben.

Kleine Hauptstadt mit großem historischem Gewicht

Charlottetown, die Hauptstadt der Insel, ist mit kaum 33 000 Einwohnern ein Winzling unter den kanadischen Städten. Trotzdem hat sie ihr historisches Gewicht, denn hier fand im Jahre 1864 die Konferenz statt, auf der die drei Jahre später erfolgende Gründung der kanadischen Föderation beschlossen wurde. 1964 wurde hier somit auch zur Hundertjahrfeier das Confederation Centre eingeweiht, zu dessen Bau jeder Kanadier 15 Cent beisteuern durfte. Es beinhaltet unter anderem ein Museum, eine Kunstgalerie sowie zwei Theater und ist alljährlich Gastgeber eines renommierten kanadischen Musikfestivals. Höhepunkt der Veranstaltung ist seit 1965 die Aufführung des Singspiels *Anne of Green Gables*, einer Umsetzung des gleichnamigem Romans (1908) der berühmten kanadischen Autorin Lucy Maud Montgomery. Der Urschweizerin Heidi vergleichbar, hat das kleine, rothaarige Waisenkind weltweit die Herzen der Leser erobert. Das Buch wurde in mehr als 17 Sprachen übersetzt, darunter ins Japanische. Es steht in Japan sogar auf dem Lehrplan. Wie im Fall Heidi gibt es für den Liebhaber sogar etwas zum Besichtigen, und zwar das Green-Gables-Haus, in dem der Roman spielt.

Dass Natur in dieser Kinderwelt nicht fehlen darf, ist selbstverständlich, und auch der Besucher der Insel bekommt seinen Teil davon an den kilometerbreiten sandigen Badestränden, an denen bisweilen abseits des Lärms auch der seltene Blaureiher anzutreffen ist, der mit seinen zwei Metern Spannweite den Seewind einfängt. Wenn übrigens jemand mit Ihnen wetten will, dass man in Alaska baden kann, setzen Sie nicht zu hoch dagegen! Denn in der Ortschaft namens Alaska im Westen der Insel kann man tatsächlich ohne zu bibbern ins Wasser steigen, auch wenn es vielleicht nicht gerade der einladendste Badestrand ist.

Wer sich im Thunfischangeln üben will, kommt nach East Point, wo er sich mit Petrijüngern aus aller Welt messen kann. Der stille Genießer hat die Qual der Wahl zwischen den Hunderten von Restaurants, die ihn zum Genuss von Hummer, Krabben und jeder Art von Fisch und Meeresfrüchten einladen. Und verschlägt es ihn im August gar in die Ortschaft Basin Head in der Nähe von Souris im Osten der Insel, so kann er sich während des dann stattfindenden Meeresserntefestivals von einem Leckerbissen zum anderen durchkosten.

Keine Ähnlichkeit mit der großen alten Schwester jenseits des Atlantiks: Neu-London

Ontario

Oben *Old Fort William am Oberen See (Lake Superior)*

Links *Paradiesische Gefühle überwältigen die Besucher auf einer Fahrt inmitten der Tausend Inseln auf dem St. Lawrence River ab Kingston*

Dass es außer dem englischen auch ein französisches Kanada gibt, wissen wir nun – beziehungsweise wussten es vielleicht bereits vorher. Wussten Sie aber, dass beispielsweise die Stadt Toronto, Kanadas Wirtschaftsmetropole, ihre Entstehung vor allem deutschen Siedlern verdankt? Oder dass im Jahre 1788 der damalige britische Generalgouverneur in Nordamerika, Lord Dorchester, bei der Gründung der Provinz Ontario den vier Verwaltungsdistrikten dieser Provinz die Namen Lunenburg, Mecklenburg, Hessen und Nassau verlieh?

Es gibt verschiedene Erklärungen dafür: Die eine besagt, dass man damit die deutsche Verwandtschaft der englischen Königsfamilie ehren wollte, die andere, dass so dem hohen Anteil deutschstämmiger Siedler Rechnung getragen werden sollte, die nach der Unabhängigkeit der Vereinigten Staaten nach Kanada auswanderten.

Deutschkanada

Viele der Dokumente, die diesen Umstand belegen, sind verloren gegangen, doch sind die Namen mancher dieser Pioniere noch bekannt: Baron Adolf von Riedesel, Johann Samuel Schwerdtfeger, David Zeisberger, William Moll Berczy. Letzterer war gemeinsam mit dem bekannteren Lord Simcoe Gründer der Stadt Toronto.

Moll Berczy ist 1792 mit einer Gruppe von erfahrenen Bauern und Handwerkern von Hamburg in den Staat New York ausgewandert, wo man ihm und seinen Leuten freies Land im Geneseetal zugesagt hatte. Als sich herausstellt, dass sie nur Feldarbeiter sein sollen, entsendet die Gruppe Berczy nach Norden, um bessere Konditionen auszuhandeln. Der Gouverneur von Upper Canada (Ontario), Lord Simcoe, bietet 64 000 Acres (rund 26 Quadratkilometer) Land an, Tausend Acres für jede Familie. Als Gegenleistung wird erwartet, dass die Neuankömmlinge Straßen und Häuser

Oberer See, doppelt so groß wie die Schweiz, hier an der Nipigon Bay

bauen und weitere Einwanderer mit beruflichen Fachkenntnissen nachholen, um das Ende des 18. Jahrhunderts noch leere Land zu besiedeln.
Mehr als 180 Siedler folgen Moll Berczy im Frühjahr 1794, die nicht nur die dringend notwendigen Qualifikationen mitbringen, sondern auch eine stattliche Herde von Stieren, Ochsen und Kühen, die nun zur Rodung und zum Straßenbau eingesetzt werden. Mühlen und Sägewerke entstehen. Moll Berczy baut die erste Brücke über den Fluss Don, der auch heute noch in einem grünen Tal die Stadt durchquert.
Allerdings werden auch in Kanada Versprechungen nicht immer gehalten; die Früchte des reichlich investierten Kapitals fallen in andere Hände. 1805 finden wir Moll Berczy in Montréal wieder – als Porträtmaler. Im Jahr 1813 stirbt einer der dynamischsten und vielseitigsten Mitbegründer des Landes als gebrochener Mann unter unbekannten Umständen in New York.
Während der beiden Weltkriege war die deutschsprachige Kultur in Kanada kaum präsent, wer wollte sich schon als Angehöriger eines Volkes profilieren, das mit einem Male zum Landesfeind

Rechts *Bruce Trail auf dem Niagara Escarpment mit seinen 60 Meter hohen Klippen auf der Bruce-Halbinsel im Huron-See*

Folgende Doppelseite *Kakabeka Falls, gebildet vom Kaministiquia River westlich der Thunder Bay am Oberen See*

Toronto: Hafenfront mit dem 553 Meter hohen CN-Tower, wo Nicht-Schwindelfreie auf einer 447 Meter hohen Plattform eine – im wörtlichen Sinne – umwerfende Aussicht erleben können

geworden war. Auch wenn die eigene Familie nur volksdeutsch war, denn viele waren ja aus den osteuropäischen Ländern eingewandert. Und war man Schweizer oder Österreicher – wem wollte man das schon auseinander setzen? Heute gibt es in bescheidenem Rahmen wieder eine kulturelle Selbstbesinnung, die auch von Staatsseite gefördert wird, um dem Ideal einer multikulturellen Gesellschaft (im Gegensatz zum US-amerikanischen Schmelztiegel) eine solide Grundlage zu geben.

Ontario ist die bevölkerungsreichste unter den kanadischen Provinzen – und auch die produktivste. Daraus leitet der Ontarier gelegentlich die Berechtigung ab, die anderen als Schmarotzer zu betrachten, denn der Ausgleichstransfer von Bundesmitteln in wirtschaftlich weniger erfolgreiche Teile des Landes nimmt ihm natürlich einen Teil seiner Kaufkraft. Und das ist jedem Aufsteiger ein Dorn im Auge. Es bleibt ihm jedoch genug, um sich einen materiell beachtlichen Lebensstil zu erlauben. Groß ist der Kontrast zu allem, was vorher war, wenn er zu den vielen Neuankömmlingen gehört, die aus aller Herren Länder in die Provinz einwandern.

Wem es einmal gelungen ist, den Landed Immigrant-Status zu erhalten und eine Arbeitsstelle zu finden oder zu den zahlreichen Selbständigen zu gehören, die das eigentliche Rückgrat der konstant florierenden Wirtschaft in Ontario bilden, hat seine Schäfchen im Trockenen. Damit die da auch bleiben, darf er sich allerdings nicht auf altem Lorbeer ausruhen, denn die Konkurrenz ist hart, und gerade im Hightech-Bereich wird rigoros gekündigt, wenn die Zahlen von rosig zu rot wechseln.

Den Traum vom eigenen Dach über dem Kopf können sich viele erfüllen, selbst wenn die neuen Wohnsiedlungen, die im Zeitraffertempo ins Umland der Großstädte vordringen, in ihrer Pseudoindividualität eher etwas Skurril-Albtraumhaftes an sich haben. Doch dort findet man einen angemessenen Ort, wo man das ansammeln und ausstellen kann, was man in den prallvollen Verbrauchermärkten und eleganten Einkaufszentren erworben hat.

Toronto

Wer Michael Moores Film *Bowling for Columbine* gesehen hat, erinnert sich vielleicht an die Szene, in der Moore an eine Wohnungstür in einem Erdgeschoss klopft und dann einfach eintritt. Das war in Toronto. Tatsächlich ist die Stadt trotz ihrer Größe immer noch ein sicherer Ort, in dem das Zusammenleben der verschiedenen ethnischen Gruppen fast reibungslos funktioniert, wobei allerdings auch hier das besonders scharfe Vorgehen der Ordnungshüter gegen farbige Übeltäter – tatsächliche wie mutmaßliche – immer wieder ins Kreuzfeuer der Medien gerät. Nachdem man die eindrucksvolle City mit ihren glitzernden Wolkenkratzern und unvermittelt stillen, baumbestandenen Terrassen durchstreift hat, kann man in der Chinatown an Dundas Street und Spadina Avenue Station machen, Tee trinken, von dem man vorher noch nicht einmal gehört hatte; oder man geht an den von der Stadt durch eine Autobahn abgetrennten Ontariosee hinunter, den Toronto erst vor wenigen Jahren wiederentdeckt hat.

In der Tat galt die lange Abnabelung der Metropole Toronto von der sie umgebenden Natur als ein Phänomen, das quasi symbolisch für den kollektiven Egozentrismus der modernen Gesellschaft stand. Erst seit wenigen Jahren erheben Naturschützer ihre Stimme, kanalisierte Wasserläufe werden renaturiert, Grüngebiete ausgewiesen, und die zahlreichen Flusstäler, die das Stadtgebiet durchziehen, werden Bestandteil einer neuen Stadtkultur, in der auch die Seefront die Enge der geschäftigen Straßen wieder mit ihrer weiteren Umwelt verbindet.

Wahrzeichen der Stadt und ihrer technologischen Spitzenstellung und Dynamik ist der CN Tower, mit seinen 553

Toronto: Das Gooderman Building, Flatiron genannt, aus dem Jahr 1892 war das Bürohochhaus der Gooderman-Distillerie

Metern eines der höchsten Bauwerke der Welt, bewusst gebaut in der Absicht, der Welt zu zeigen, dass Kanada nicht nur ein Land mit Natur ist, sondern auch mit reichlich Know-how und Muskeln. Mehr als zwei Millionen Besucher lassen sich jedes Jahr von den Schnellaufzügen auf die Aussichtsplattform oder in das Drehrestaurant heben und genießen einen Ausblick, der bei den oft herrschenden starken Winden buchstäblich atemberaubend ist. An klaren Tagen schweift der Blick über das Schachbrettmuster der gewaltigen städtischen Fläche im Norden und nach Süden über den Ontariosee bis hin zu der in weiter Ferne aufsteigenden Gischtsäule über den Niagarafällen. Zu Füßen des Turms befindet sich das Rodgers Centre (vormals SkyDome), eine der großen Sportarenen der Welt, mit seinem gewaltigen Schiebedach, das Baseball-, Football- und andere Spieler sowie

Elch beim Rathaus von Toronto

Chinatown in Toronto

60 000 Zuschauer auch im ärgsten Blizzard zuverlässig vor den Unbilden des Wetters schützt.

Eine besondere ethnische Gruppe aus dem Vielvölkermosaik Torontos hervorzuheben, wäre völlig willkürlich, denn obwohl zum Beispiel die Chinesen mit fast einer halben Million unübersehbar sind, haben alle anderen ebenso ihren Anteil am Kultur- und Wirtschaftsleben der Stadt, in der Ostern ebenso gefeiert wird wie der Ramadan oder im Winter Diwali, das hinduistische Fest der Lichter. Einwanderer-Filmemacher wie die Inderin Deepa Mehta mit Hollywood – Bollywood richten ihre Kameras auf die Probleme ihrer Landsleute mit den kulturellen und sozialen Herausforderungen der Neuen Welt und der ihnen fremden Weltsicht. Ein buntes Spektrum von Gesundbetern, Heilern und Akupunkteuren mit exotischen Diplomen bietet Linderung von den Folgen der nordamerikanischen Konsumweise mit ihrem immer noch hohen Fleischanteil, Süßgetränken mit Kunstzucker, reichlichem Alkohol- und Trashfood-Genuss und dazu der oft dicken Toronter Luft.

Im unübersehbaren Angebot der ethnischen Food Markets haben die Behörden längst Übersicht und Kontrolle verloren, und der Neugierige kann sich zur Mahlzeit unbekannte Wurzelknollen aus Togo und arktische Äsche und zur besseren Verdauung dann ein nach Asant riechendes Digestivum aus Pakistan kaufen. Will man nicht selbst kochen, geht man in eines der unzähligen von Kochkünstlern aus aller Herren Ländern betriebenen Restaurants, oder aber man speist fürstlich im Drehrestaurant auf dem CN Tower oder im Canoe Restaurant & Bar. Eine Reservierung mit Fensterplatz ist anzuraten, denn bei Nacht hat man hier das Gefühl, in einem Fesselballon über einem Lichtermeer zu schweben.

Die Niagara-«Halbinsel»

Für die Bewohner von Niagara ist ihre Heimat ganz klar eine Halbinsel – zumindest geopolitisch gesehen. Aber das spürt man auch, ähnlich wie man in Berlin einmal das Inseldasein spürte. An der tiefen Schlucht, die sich der Fluss

Oben und folgende Doppelseite *Niagara, der Kaiser aller Wasserfälle – nur 50 Meter hoch, aber 1140 Meter breit (kanadische Seite 790, US-Seite 350). Ob Zuschauerin auf der* Maid of the Mist *oder Zuschauer auf festem Boden: Die Fälle (entstanden wegen des Höhenunterschiedes zwischen dem Erie-See und dem Ontario-See) des Niagara River genießt keiner trocken*

durch die Felsen gegraben hat, hört Kanada auf. Trotz Tourismusrummel und den die Niagarafälle umgebenden und überragenden Nutz- und Hotelbauten ist das Schauspiel immer noch imposant. Und wer sich auf der Maid of the Mist einschifft, die sich ganz bis an den Rand der Wasser- und Gischtwirbel heranwagt, erlebt dieselbe überwältigende Ursprünglichkeit, die diesem Ort schon zu Zeiten der Ureinwohner eigen war. Seit der Zeit der ersten Entdecker hat sich Niagara sehr verändert. Mussten damals die Kanus und die darin beförderten Waren mühselig durch die porta-

ges getragen werden, kamen die Ingenieure des Industriezeitalters auf die Idee, den Isthmus zwischen Ontario- und Eriesee mittels eines Kanals passierbar zu machen. 1829 wurde der erste Kanal in Betrieb genommen. Dem Größenzuwachs der Schiffe entsprechend, wurden im Verlauf von 130 Jahren drei immer breitere und tiefere Kanäle gestochen; der heutige Wellandkanal kann große Hochseeschiffe befördern, die in den sieben Schiffshebewerken bei Saint Catharines den rund hundert Meter betragenden Höhenunterschied zwischen den beiden Seen überwinden. Eine gewaltige Konzentration von Industrie baute sich entlang des Kanals auf und machte diese Gegend zu einem der wichtigsten Industriezentren Nordamerikas.
Wie anderswo hat der Rückgang der Schwerindustrie in den Industriestaaten auch hier zu einer Diversifizierung der Produktion und einem Wachstum des Dienstleistungssektors geführt, wobei der Magnet Niagarafälle gerade den Tourismussektor unterstützt hat. Aber nicht nur das Naturwunder zieht Gäste an, sondern auch die zahlreichen Weingüter der Gegend. Die klimatisch günstige Lage hat im Lauf der letzten dreißig Jahre (auf der weiter südlich gelegenen Pelee-Insel im Eriesee wurden die ersten Weingärten bereits 1860 gepflanzt) dazu geführt, dass die Weine aus den Lagen am Ontariosee nicht nur bei den Kanadiern selbst, sondern bei Weinkennern aus aller Welt Anklang gefunden haben. Das Bouquet eines Niagara-Eisweins ist von einer Exotik, die man eigentlich weit südlicheren Lagen zugetraut hätte. Dann ist da Niagara-on-the-Lake, ein Bilderbuchstädtchen an der Mündung des Niagara River, in dem das Shaw-Festival (gespielt werden vor allem Stücke des britischen Autors G. B. Shaw) stattfindet. Der Ort ist zugleich auch ein Anziehungspunkt für Künstler und für Menschen geworden, die ihren Ruhestand fernab vom Großstadtlärm und doch in einer kulturell anregenden Umgebung verbringen wollen.

Weingutkeller bei Niagara-on-the-Lake am Ontariosee

Beim Durchstreifen der Gegend, insbesondere bei einer Wanderung entlang der Niagaraschlucht, stößt der Besucher immer wieder auf Gedenktafeln. Sie erinnern an eine weniger friedliche Epoche, als Grenzzwischenfälle an der Tagesordnung waren und amerikanische Freischärler bis nach Toronto vordrangen und umgekehrt britische Milizen das Weiße Haus in Washington in Brand setzten. Die Auseinandersetzung gipfelte in der Schlacht an der Lundy's Lane in der Stadt Niagara 1814, die als eine der erbittertsten und blutigsten Schlachten in die Militärgeschichte der Neuen Welt eingegangen ist. Nach diesem Aderlass kühlten sich die Hitzköpfe auf beiden Seiten ab; zumindest in der Politik scheint diese mittelalterliche Radikalkur bisweilen zu funktionieren, wenn auch der Patient anschließend ausgeblutet und geschwächt ist.
Die Niagaragegend im Jahr 1815 war eine Wüstenei; es stimmt nachdenklich, sich vorzustellen, wie viel unerforschtes und unbesiedeltes Land es zu diesem Zeitpunkt in Nordamerika gab und dass dennoch der Drang bestand, sich um das so reichlich Vorhandene zu schlagen und gegenseitig umzubringen. Heutzutage sind die US-kanadischen Beziehungen wesentlich entspannter, wenn auch um vieles komplexer, zumal ja die Schnittstelle der beiden Gesellschaften nach Westen hin ebenfalls länger geworden ist. Es gibt auf kanadischer Seite ein breites Spektrum von politischen Meinungen, die von einer Zukunft im EU-Stil bis zum Zusammenschluss mancher westlicher Provinzen wie Alberta mit den USA reichen. Allerdings ist das North American Free Trade Agreement (Nafta) kein ungetrübter Erfolg gewesen, und so sind auch die Schritte in Richtung eines engeren Zusammenschlusses nicht allzu beflügelt.

Herbstwald bei Port Severn

Das Füllhorn des nordamerikanischen Kontinents ist dem Mangeldenken der Konsumgesellschaft auf beiden Seiten der Grenze überdies immer noch nicht voll genug, so dass es an Zunder für Streitigkeiten nicht fehlt: Holz, Rindfleisch, Wasser, Erdöl.

Was bei allem entscheidend die Politik Kanadas prägt, ist das unausgesprochene Bewusstsein sowohl in Ottawa als auch in Washington, dass im Grunde genommen angesichts des bestehenden wirtschaftlichen und militärischen Kräfteverhältnisses Widerstand zwecklos ist. Die Einladung der USA, dass Kanada sich mit unter den geplanten Continental Missile Shield, ein System zum Abfangen von Raketenangriffen aus den jeweiligen «Schurkenstaaten», begibt, ist in diesem Zusammenhang pure Augenwischerei. Denn hier wird vorgegaukelt, dass potenzielle Aggressoren definitionsgemäß von außerhalb Nordamerikas kommen würden. Der Eiertanz kanadischer Diplomaten in Washington spricht wie der Achtertanz der Bienen eine zwar verschlüsselte, aber nichtsdestoweniger deutliche Sprache. Vielleicht war es diese historisch gewachsene Einsicht, die 2003 den damaligen kanadischen Premierminister Jean Chrétien bei einer Konferenz in New York dazu bemüßigte, den USA in Bezug auf ihr Verhältnis zu den Ländern der Dritten Welt zu empfehlen: «Wenn man groß ist, muss man nett sein.» Womit er nicht zuletzt pro domo sprach.

Ein Witz wirft Licht auf die andere Seite des kanadischen Selbstbewusstseins:

Ein US-Zerstörer nimmt ein Radarsignal vor sich wahr und funkt «Hier ist die USS Chesapeake. Hallo, schlafen Sie? Bitte korrigieren Sie Ihren Kurs!» Keine Antwort. Die Nachricht wird wiederholt. Wieder keine Antwort. «Dies ist unsere letzte Aufforderung. Ändern Sie Ihren Kurs, oder wir rammen Sie.» Endlich kommt eine Antwort: «Leider unmöglich. Hier ist der Leuchtturm von Magdalen Island.» (Das ist eine kleine kanadische Inselgruppe im Sankt-Lorenz-Golf.) Tatsächlich enthält dieser Witz einiges an Realität und Symbolik: Die kanadische Gesellschaft ist sesshafter und empfindet sich auch als rationaler und in sich ruhender als die Nachbarn im Süden.

Im bekannten Roman Two Solitudes des Kanadiers Hugh MacLennan meint eine der Personen zum Thema der Auswanderung: «Die besten jungen Leute gehen alle nach Süden (das heißt in die USA).» «Nicht die besten», ist die Antwort. «Eher die aufgedrehtesten.»

Auch die schiere Größe des Landes ist ein emotional sichernder Faktor. Und für viele ist da die Queen, die so viele Premierminister und Präsidenten hat kommen und gehen sehen – alltäglich gegenwärtig in kleinen Dingen wie mit ihrem Konterfei auf dem Kleingeld, unterbewusst gegenwärtig als Instanz der Zeitlosigkeit und der Beständigkeit, die, wie im erfolgreichen Film Elisabeth von Shekhar Kapur angedeutet, das Transpersonale auf Erden vertritt.

Oben *Mauergemälde in Vankleek Hill*

Unten *Pferdegespanne von Mennoniten warten vor der Kirche in Wallenstein*

Der «friedvolle Krieger»

Seit dem Ersten Weltkrieg, in dem sich kanadische Regimenter vor allem in der Schlacht von Vimy mit beispielhafter Tapferkeit und Zähigkeit schlugen und, so wollen es manche kanadische Historiker im Sinne einer unabdingbaren Kausalität, im gemeinsamen Kampf den Grundstein zum kanadischen Nationalbewusstsein legten, hat sich in der Wahrnehmung der kanadischen Bevölkerung zum Thema Weltpolitik vieles geändert. Heutzutage versteht sich Kanada vor allem als Friedensförderer, wobei jedoch ausdrücklich betont wird, dass mit dieser Aufgabe keine Politik der Schwäche verbunden ist.

Tatsache ist, dass Kanadas Militärbudget im Verhältnis zum Bruttosozialprodukt dem von Luxemburg entspricht. Vielleicht geht diesem Umstand wie im Großherzogtum die Einsicht voraus, dass militärische Landesverteidigung eine Illusion ist.

Diese Einsicht motivierte wohl bereits die Initiative des Premierministers und Friedensnobelpreisträgers (1957) Lester Bowles Pearson, Friedenssoldaten in die unruhige Welt zu schicken, die nicht einen bestimmten «Bösen» zu vernichten hatten, sondern dazu beitragen sollten, das «Böse» an sich zu beseitigen – Ungerechtigkeit, Unwissenheit, Hunger und aus Unkennntnis des anderen geborene Feindschaft. Kanada hatte in den Jahrhunderten seiner kurzen und nicht immer friedvollen Geschichte gelernt, dieses eigentliche «Böse» zu überwinden: Sein Staatsoberhaupt war das Sprachrohr authentischer Erfahrung. Pearsons Nachfolger, Pierre Elliott Trudeau, setzte sein politisches Charisma ebenfalls zu diesem Zweck ein.

Wer allerdings dazu neigt, Kanada allzu sehr in der Rolle des «friedvollen Kriegers» zu sehen, sei daran erinnert, dass sich zum Beispiel eines der bedeutendsten Trainingslager für Saboteure und Agenten, die während des Zweiten Weltkriegs zur Schwächung der deutschen Vormacht in Europa eingesetzt wurden, in Ontario befand. Hier wurde zum Beispiel der Anschlag auf den Chef des Reichssicherheitshauptamtes, Reinhard Heydrich vorbereitet, der, wie erwartet, zunächst zu einer beispiellosen Vergeltungsaktion von Seiten der deutschen Besatzung führte, dann aber den Widerstand so anfachte, dass das gelungene Attentat heute als ein wichtiger Faktor bei der Befreiung Europas gewertet wird.

Eine innovative Absicht heutiger kanadischer Außenpolitik ist, dazu beizutra-

Windmühle bei Bayfield

Folgende Doppelseite *Indian Summer im Algonquin Provincial Park*

Ont.16

gen, dass «die Interessen des einzelnen Bürgers gegenüber dem Anspruch des Staates vertreten werden». Dazu entsendet Kanada beispielsweise juristisches Fachpersonal und Polizisten in Länder wie Kosovo oder den Irak, um dort diesen Prinzipien in der Ausbildung Geltung zu verschaffen. Dass Vorfälle wie die Folterung und Tötung eines somalischen Gefangenen durch kanadische Soldaten Anlass dazu geben, in der Debatte die moralische Rechtfertigung dieser Missionen in Frage zu stellen, macht deutlich, wie hoch die Ansprüche der Öffentlichkeit an die Streitkräfte sind. Allerdings sind beim weltweiten Engagement in Dauerkrisenherden die einzelnen Friedenssoldaten aufs Äußerste gefordert, was der Moral in der Truppe nicht sehr förderlich ist. Wozu die wachsende Einsicht kommt, dass man Frieden eben nicht importieren kann wie Lebensmittel und Medikamente. Und die Regierung bietet nicht eben ein konsistent gutes Vorbild. Den «Interessen des Bürgers gegenüber dem Anspruch des Staates» wird sie zumindest in Sachen Wasserpolitik und Gentechnik überhaupt nicht gerecht. Doch dazu später mehr …

Wetten, dass …

Wenn jemand Sie zu der Wette herausfordern sollte, dass er mit seinem Rennrad in zwei Stunden von Rostock nach Mannheim radeln kann, dann sollten Sie äußerst vorsichtig sein, einzuschlagen. Denn er könnte ja auch die beiden gleichnamigen Orte in Ontario gemeint haben, und die Strecke schafft man auch mit dem Sportrad locker; sogar ein Abstecher nach Bamberg ist da mit drin. Oder man hängt noch mal zwei Stunden dran und isst ein Baguette-Abendbrot in Paris – allerdings nicht an der Seine, sondern am Grand River. Westlich von Toronto wechseln sich deutschsprachige Siedlungsgebiete mit denen aller europäischen Volksgruppen ab. Dieser Teil Ontarios mit seiner intensiven Landwirtschaft und seinen Industriestädten ist eines der am dichtesten besiedelten Gebiete Kanadas.

Den Vogel in puncto Namensverpflanzung haben die Briten abgeschossen: Nicht nur gibt es ein London mit dazugehörigem Westminster, sondern dieses liegt auch gleich noch an der Themse, und fährt man etwa fünfzig Kilometer weiter nördlich, stößt man auf das in eine leicht hügelige englische Landschaft eingebettete Stratford am besinnlich dahinfließenden Fluss Avon mit seinen Enten und anderen Wasservögeln. Wen wundert es da, dass diese Stadt zu alledem auch noch eine Hochburg englischsprachiger Theaterkultur ist? Hier werden in einem hauptsächlich von Privatsponsoren finanzierten Festspielhaus vor Besuchern aus aller Herren Länder Shakespeares Meisterwerke aufgeführt. Wer eher zum Lesen aufgelegt ist und sich für kanadische Literatur interessiert, dem sei das Buch *Away* von Jane Urquhart ans Herz gelegt, das zu jenen Werken gehört, in denen in den Alltag dieses Landes mit zauberischer Wortmagie eine moderne Mythologie eingeheimnist wird.

Sudbury oder die Schöpfung

Sudbury im Norden der Georgian Bay ist eine Stadt, um die man noch vor wenigen Jahren einen weiten Bogen gemacht hätte: Sie hatte den Ruf, einer der am schlimmsten verschmutzten Orte der Welt zu sein. Der ursprüngliche Bestand an Weiß- und Rottannenwald war in einer 850 Quadratkilometer umfassenden elliptischen Fläche tot – Prognosen zufolge sollte in der entstandenen Mondlandschaft nie wieder etwas wachsen.

Dass der Phosphorsäurefraß nicht nur das Land zerstörte, braucht nicht besonders erwähnt werden. In einem der Brennpunkte der Ellipse befanden sich die Hochöfen der Firma Inco, bekannt als Erzeuger von Nickel und Kupfer. Und davon gab es reichlich in der Gegend. Ein erster Gedanke des Unternehmens angesichts aufkeimender Umweltbedenken war der Bau des höchsten Schornsteins der Welt. Für diese 381 Meter hohe technische Meisterleistung zum Schutz von Einwohnern und Umwelt erwartete Inco eigentlich Lob; das allerdings fiel eher spärlich aus, denn aus Schweden kam die Nachricht, dass dort der Wald am sauren Regen aus dem

Blick auf den Paudash Lake südlich von Bancroft

Hunderte von Kilometern entfernten Großbritannien krankte.

Und damit begann ein langes Ringen zwischen altem und neuem Denken, das letztendlich dazu führte, dass einerseits die Emissionen nicht lediglich verteilt, sondern tatsächlich um neunzig Prozent vermindert wurden, und dass andererseits mit einer gewaltigen Renaturierungsmaßnahme begonnen wurde, die Sudbury zu einer Pionierin der Umweltsanierung machte. Schulklassen aus der Stadt und Schüler aus dem ganzen Land packten mit an, wenn es galt, Kalk und Setzlinge auf die schwarzen Hügel zu tragen, wo die Maschinen nicht hinkonnten. Massenentlassungen bei den Umweltsündern führten dem Projekt neue helfende Hände zu – ein kollektiver Selbstheilungsmechanismus war in Gang gesetzt, dem die Stadt nicht nur saubere Luft, sondern auch klareres Denken und neues Selbstbewusstsein verdankt. Im Übrigen hat das Beispiel Schule gemacht, die ähnlich betroffene Stadt Flin Flon in Manitoba hat sich in Sudbury Rat und Hilfe geholt, und andere Städte im In- und Ausland schicken Delegationen hierher.

Vor einer vor dreißig Jahren noch ganz undenkbaren Entscheidung steht die Stadt heute, der nämlich, ob man die mittlerweile zehn Meter hoch gewachsenen Bäume bewirtschaften darf – was für die an diesem Projekt Beteiligten eher einem Kannibalismusakt gleich käme – oder ob die neue Schöpfung als symbolhaftes Kulturerbe den Schutz der Gemeinschaft genießt.

Manitoba

Oben *Eisbär an der Hudson Bay*

Links *Wasserflugzeuge, ideale Verkehrsmittel im seenreichen Manitoba*

Der Name der Provinz stammt aus dem Ojibwa, der Sprache eines indianischen Stammes, dessen Angehörige auch heute noch hier leben. Er bezieht sich auf die Engstellen des Manitobasees, die *manitowaba*, an denen der Klang der vom Wasser hin und her geschobenen Kieselsteine als die Stimme Manitus angesehen wurde. Auch heutzutage ist Manitoba mit einer Bevölkerungsdichte von nur 2,1 Personen pro Quadratkilometer eine Gegend, in der die Natur oftmals eine lautere Stimme hat als der technische Fortschritt.

Die Provinzhauptstadt Winnipeg mit ihren 700 000 Einwohnern ist durchflossen von zwei mächtigen Flüssen, dem Red River und dem Assiniboine River, die im Zentrum der Stadt, an den sogenannten Forks, einem wunderschönen Naherholungsgebiet, aufeinander treffen. Die Stadt ist in viele markante Distrikte unterteilt. Von China Town und Little Italy, über St-Boniface, das französische Viertel, bis zum Börsenquartier gibt es vielfältige Möglichkeiten für einen unterhaltsamen Stadtbummel. Zu den Sehenswürdigkeiten gehören der Golden Boy (das 1920 fertig gestellte Gebäude der Provinzregierung), die Getreidebörse von Kanada, deren reges Treiben man von einem Zuschauerbalkon aus beobachten kann, und die historische Eisenbahnbrücke. Im Jahr 1888 erbaut, erinnert sie an die Anfangszeit der aufstrebenden Handelsstadt, die ihren Wohlstand der damals entstandenen Transkanadischen Eisenbahn verdankte, die den goldenen Reichtum der Prärie, Weizen und andere Getreidearten, in den Rest des Kontinents und die Überseehäfen brachte, vor allem in den größten kanadischen Binnenhafen im ontarischen Thunder Bay am Oberen See. Neben zahlreichen Galerien, wie zum Beispiel der Floating Gallery, der SITE Gallery und dem Art Space gibt es die international renommierte Manitoba Opera. Auch das Winnipeg Symphony Orchestra sowie zwei angesehene Tanzensembles – die Winnipeg Contemporary Dancers und das Royal Winnipeg Ballet – sind einen Besuch wert, wenn sie nicht gerade auf Welttournee sind.

Steinbach

Mitten in der Prärie taucht plötzlich ein deutsches Ortsschild auf: Steinbach. Eine von den vielen auch dem Namen nach identifizierbaren deutschstämmigen Gemeinden in den kanadischen Prärieprovinzen (Manitoba, Saskatchewan und Alberta). Die ersten deutschen Gruppeneinwanderungen gehen auf das Jahr 1750 zurück. Im Lauf der Jahre kamen dann nicht nur Einwanderer aus Deutschland selbst, sondern auch Deutsche aus Russland und den US-amerikanischen Bundesstaaten New York und Pennsylvania, darunter viele Mennoni-

Blick über den Assiniboine River auf Winnipeg

ten. War im 19. Jahrhundert die Provinz Ontario das Haupteinwanderungsgebiet, so sorgte in den Jahren 1870 bis 1880 der Siedlungsbeauftragte Sir Clifford Sifton dafür, dass eine große Anzahl von Einwanderern in Manitoba eine neue Heimat fanden, darunter etwa siebentausend Mennoniten aus der Ukraine, angelockt von der Zusage freien Farmlandes und vom Versprechen der Religionsfreiheit und der Befreiung vom Militärdienst.

Gefördert wurde diese Einwanderungswelle durch den Bau der Transkanadischen Eisenbahn, die in vieler Hinsicht das Gepräge der Prärie von Grund auf veränderte. Zeugen dieser entscheidenden Phase sind die sogenannten Kathedralen der Prärie, die Getreidesilos, von denen zwischen 1881 und 1933, dem Höhepunkt dieser von der Ogilvie Milling Company eingeleiteten Entwicklung, fast sechstausend entlang der Eisenbahnlinien errichtet wurden. Im Abstand von 12 bis 16 Kilometern angeordnet, waren sie die Sammelstellen für die von den umliegenden Farmen angelieferten landwirtschaftlichen Erzeugnisse – Weizen, Hafer, Gerste und Rapssaat.

Diese und folgende drei Seiten ***Eisbären bei Churchill an der Hudson Bay: Distanz und Respekt sind geboten, denn diese bis 650 Kilo schweren Geschöpfe sind keine Streicheltiere, sondern schnelle, allzeit hungrige und nichts Lebendiges verschmähende Raubtiere – trotz ihres putzigen Aussehens***

Die in Inglis stehenden Getreidesilos sind heute zu Museen geworden; Sammeln und Verfrachten der Erzeugnisse erfolgen heutzutage über weit größere Zentren.

Zerstörer und Förderer: die Transkanadische Eisenbahn

Die Entstehung der Kanadischen Konföderation ging nicht ohne Hindernisse vonstatten. Zwar erschloss die Eisenbahn einerseits das scheinbar unermessliche Land, doch sorgten der rasche Zuzug von Einwanderern und deren Landanspruch andererseits auch für erhebliche Spannungen. Diese brachen 1870 auf, als die Vereinnahmung der Jagdgründe und die Zerstörung der jahrtausendealten Sozialstrukturen der Indianer zu Konflikten um das Eigentum an Land und zu Hungersnöten führten. Nach der fast vollständigen Ausrottung der Biber hatte die Pelzhandelsfirma «Hudson's Bay Company» ihr Augenmerk auf die Büffel gelenkt, mit dem Erfolg, dass binnen zehn Jahren von den gewaltigen Herden, die diesen Teil des Landes durchzogen hatten, so gut wie nichts mehr übrig geblieben war.

Der Métis (mit diesem Begriff wurden die indianisch-französischen Mischlinge bezeichnet) Louis Riel war der Wortführer der Hungernden und Vertriebenen, die sich sowohl von Ottawa als auch von der Hudson's Bay Company lossagen wollten. Denn letztere beiden

strebten zwar nach Macht, ohne aber deswegen Pflichten übernehmen zu wollen. So entstand 1870 die Provinz Manitoba mit einem Territorium, das in etwa der Größe von Belgien entsprach, ein Bruchteil dessen, was wir heute als Manitoba auf der Karte sehen. Auch in politischer Hinsicht war die Provinz eher ein Provisorium, dessen Ende einkalkuliert war.

Anlass zur Zerschlagung regionaler Autonomie war dann die erneute Konfrontation zwischen Riel und der Zentralregierung, als fünfzehn Jahre später deutlich wurde, dass sich im Grunde nicht viel gebessert hatte. Der Konflikt hatte sich nur geografisch verlagert, denn die von Landspekulanten vertriebenen Métis waren in Abwesenheit des ins US-Exil geflohenen Riel nach Südsaskatchewan abgewandert und hungerten dort weiter.

1884 kehrt der charismatische Riel nach Kanada zurück und es gelingt ihm, trotz Widerstand vor Ort – die englischsprachigen Mischlinge unter der Führung ihrer protestantischen Pfarrer und die unter britischer Kuratel stehenden weißen Siedler schließen sich dem französischsprachigen und katholischen Métis und seinen landlosen Habenichtsen nicht an – eine kleine Schar von Gleichgesinnten um sich zu scharen. Unter der Leitung von Louis Riels militärischer rechter Hand, Gabriel Dumont, schlagen sie bei einem ersten Zusammenstoß mit den Regierungstruppen bei Duck Lake diese in die Flucht – ein Pyrrhussieg, denn einige Soldaten der North West Mounted Police kommen ums Leben. Das ist Wasser auf die Mühlen der Eisenbahnlobby, die sich beflissen andient, rasch zusätzliche Truppen in die bedrohte Region zu schaffen, und damit auch prompt weitere Subventionen in Millionenhöhe zugesteckt bekommt. Binnen zehn Tagen sind fünftausend Mann vor Ort. Riel und seine zweihundert militanten Anhänger ergeben sich nach kurzem Widerstand. Der damalige Premierminister John A. Macdonald macht keinen Hehl daraus, dass er ein Exempel statuieren will; trotz Begnadigungsersuchen der Geschworenen und massivem Widerstand aus Québec, wo man den Aufrührer als Volkshelden und Verteidiger der katholischen Minderheiten ansieht, wird Riel zum Tod durch Erhängen verurteilt und im November 1885 hingerichtet. Damit ist zwar das Symptom unterdrückt; eine Heilung des sozialen Gewebes ist damit nicht erreicht. Im Gegenteil: Unerbittliche Vergeltungsmaßnahmen zerstören das ohnehin geschädigte Sozialgefüge bis zur Unkenntlichkeit weiter. Eine große Anzahl von Aufständischen und mutmaßlichen «Sympathisanten» wird öffentlich gehenkt.

Die ohnehin nur schlecht eingehaltenen Landverträge mit Indianern und Métis werden endgültig annulliert, die Familien umgesiedelt, auseinander gerissen, die Kinder in die gefürchteten Missionsschulen geschickt, wo ihnen neben dem Kniefall vor dem Gott der Unterdrücker auch die Wertlosigkeit der eigenen Kultur eingebläut wird.

Die Wunde der Demütigung ist auch heute noch nicht ganz geschlossen, und es wird die Frage gestellt, ob Kanada überhaupt ein zentral gesteuertes Land werden musste, nachdem es Tausende von Jahren ja auch ohne eine Zentralregierung ausgekommen war. Die Antwort ist nicht leicht. Und im Jahr 1885 war diese Frage gewiss nicht leichter zu beantworten, denn die jungen Vereinigten Staaten machten im Vollgefühl ihrer Expansion – 1867 war Alaska den Russen abgekauft worden, und es schien nur logisch, das Land zwischen Alaska und dem Westen der USA auch zu integrieren – keinen Hehl daraus, dass sie die Prärieprovinzen vom britischen Joch befreien wollten. Es bleibt den heutigen Kanadiern aller Provinzen die Aufgabe, kraft höherer Einsicht und klareren Geistes weiter an einer Nation zu arbeiten, die sich das Ziel gesteckt hat, ein weltweit ausstrahlendes Vorbild gerechter Koexistenz zu sein.

Weizen – natürlich oder naturidentisch?

Den Prärien mit ihrer kurzen Wachstumsperiode eine Ernte abzutrotzen, war eine Herausforderung, auch dann, wenn einem ehemaligen Leibeigenen oder Tagelöhner die neu gewonnene Unabhängigkeit Flügel verlieh. Den heutigen Erntesegen verdankt das Land

Polarfuchs an der Hudson Bay

Wasserflugzeug auf dem Sasaginnigak Lake im Atikaki Wilderness Park, Manitoba

fünf (vermutlich) aus Russland stammenden Weizenkörnern, die im Jahr 1842 über einen schottischen Händler den Weg in die Prärie fanden und den Winter im neuen Boden überstanden. Red Five nannte man diese Sorte, die unter den harten Wetterbedingungen reifte und gute Backeigenschaften aufwies. Auf dieser Grundlage wurde dann 1908 die Sorte Marquis gezüchtet, welche die Reifezeit um etwa dreißig Tage verringerte, was das Risiko des Ernteverlusts bei Frühfrösten verringerte und zudem weiter nördlich gelegene Anbauflächen erschloss. So wurde Kanada zur Kornkammer der Welt. Befördert wird das «Gold der Prärien» per Schiff über die Großen Seen oder per Eisenbahn.

Die kanadische Weizenbehörde (Canadian Wheat Board) in Winnipeg hat seit einiger Zeit ein Problem, das für einmal nicht mit dem Wetter oder zu hohen Frachttarifen zu tun hat: Zunehmend kommt über die Saatzuchtlobby Druck aus Ottawa, genmanipulierten Weizen anzubauen. Den aber, so weiß man in Winnipeg, wollen manche traditionelle Abnehmer wie die Staaten der Europäischen Union und Japan gar nicht. Die großen Konzerne weiter südlich drängen jedoch auf den Schulterschluss mit den Kanadiern, um besonders die Anti-Gentechnik-Festung Europa in Be-

Güterzug durch die Weiten Manitobas

drängnis zu bringen und der Dritten Welt zu signalisieren, dass, da in einem so renommierten Land wie Kanada staatlich abgesegnet, der genmanipulierte goldene Segen der Prärien auch ihnen nur höheren Nährwert und bessere Gesundheit bescheren kann.

In Kanada selbst steht die Bevölkerung wie in Europa dem Gentechnikfortschritt bei Agrarprodukten eher skeptisch gegenüber; zumindest wollen über neunzig Prozent (2005), dass gentechnisch veränderte Erzeugnisse als solche deklariert werden. Das aber will die Regierung nun eben nicht: Im Chor mit den großen Lebensmittelketten lässt sie verlauten, dass dies unnötig sei, da ja die staatlichen Gesundheitshüter alles im Griff hätten. Und schließlich sei Kanada das Land mit der höchsten Lebensmittelsicherheit. In einer Nation, wo bei aller Kritik an Regierungsentscheidungen doch ein sehr hohes Maß an Bürgervertrauen herrscht, ist daher verständlich, dass die aktive Kritik an breit angelegter Agrar-Gentechnik bescheiden bleibt. Abzuwarten bleibt, ob in Ottawa die wachsende Kritik an der gesundheitsschädigenden Fastfood-Kultur und der zunehmende Vegetarismus als Signal verstanden werden, dass es an der Zeit ist, den Bürgern aufs Maul zu schauen, anstatt es ihnen nur zu stopfen.

Saskatchewan

Oben *Hutterer-Mädchen in der Arm River Hutterile Colony bei Lumsden, westlich von Regina*

Links *Zypressen im Cypress Hills Interprovincial Park, der teils zu Saskatchewan und teils zu Alberta gehört*

Das für den Geometer wohl bequemste Land der Welt ist Saskatchewan – ein reines Rechteck. Die Bewohner der Prärieprovinzen Manitoba und Saskatchewan stammen aus den Landschaften Mittel- und Osteuropas. Besonders zahlreiche aus der Ukraine stammende Siedler – es gibt heutzutage etwa eine Million Kanadier ukrainischer Abstammung – fanden hier eine neue Heimat, die topografisch der alten ähnlich ist. In Selo Ukraina findet jährlich ein großes Nationalfest statt, an dem traditionelle ukrainische Tanzgruppen aus den anderen Provinzen zusammenkommen, mit prächtigen, farbenfrohen Kostümen und blonden Zöpfen, und man sich an Mohnkuchen und Torten gütlich tut, die gerade aus dem Ofen der Wettbäcker geholt worden sind. Ein unbeschwertes Gefühl der Festlichkeit liegt über dem ganzen Ort; hier sind Menschen, die bewusst erleben, was es bedeutet, frei von materiellen Nöten und Lebensangst zu sein, die jahrhundertelang das Leben ihrer Vorfahren überschatteten. Wie kaum eine andere Volksgruppe sind die Ukrainer stolz darauf, Kanadier zu sein. Bundespolitisch stellen sie ein stabilisierendes Element dar. Wer sich einen Überblick über die Geschichte der Ukrainer verschaffen will, sucht in Saskatoon, der größten

Hauptstadt Regina: Drill vor der Akademie der Royal Canadian Mounted Police – die wohl diszipliniertеste und unbestechlichste Polizei der Welt

Rechte Seite *Getreideernte aus der Vogelperspektive*

Stadt Saskatchewans, das Ukrainische Museum auf, wo man alle nur erdenklichen Produkte der Volkskunst erstehen kann, von bunt bemalten Ostereiern bis zu Klöppelarbeiten.

In Regina befindet sich auch das RCMP Centennial Museum. Die Royal Canadian Mounted Police ist wohl eine der berühmtesten Polizeien der Welt. Ihre Gründung reicht zurück in das Jahr 1873, als in den Cypress Hills im Südwesten von Saskatchewan eine Bande von weißen Pferdedieben aus den USA und Kanada eine große Anzahl von Indianern ermordete. Das Massaker an so vielen Menschen beschleunigte den Aufbau und die Entsendung der North-West Mounted Police (die Vorgängerorganisation der RCMP) in das gesetzlose Grenzland. Den Ehrentitel «Royal» erhielten die Mounties erst 1904 durch ein Dekret König Edward VII; zur Royal Canadian Mounted Police wurde sie dann 1920 umbenannnt. Die Truppe mit ihren leuchtend roten Uniformen ist aus dem Leben der kanadischen Nation nicht mehr hinwegzudenken und steht in einem traditionsreichen Sinn für Sicherheit und Integrität.

Auch deutsche Siedler haben am Entstehen der Provinz mitgewirkt. Um 1885 wurden in Saskatchewan die Orte Straßburg, Edenwald und Langenburg gegründet. Noch heute trifft man eine interessante Minderheit: die baptistischen Hutterer, die auf ihren Bruderhöfen ein bescheidenes bäuerliches Leben führen. Allerdings ist die Abschottung gegenüber der Moderne nur bedingt eine Idylle, denn wer über die engen Grenzen der Gemeinschaft schaut, gilt als Abtrünniger. Die Wahl ist dann nicht groß: Entweder kehrt man in den Schoß der Gemeinde zurück oder man muss sich ein Leben «draußen» suchen, was die Bewältigung eines nicht unerheblichen Kulturschocks erfordert.

Pile O' Bones

Würden Sie gerne in einem Ort leben, der Knochenhaufen heißt? Selbst wenn Sie wüssten, dass es sich nur um die Knochen von Büffeln handelt, die hier einst von den Indianern zusammengetrieben und geschlachtet wurden. Nein, sehen Sie. Sie können sich deswegen die Erleichterung unter den damals noch wenigen Bürgern der späteren Hauptstadt von Saskatchewan vorstellen, als an einem Sommertag im Jahre 1882 der erste Zug in den nagelneuen Bahnhof der Stadt einrollte und ihm eine Lady entstieg, die Frau des damaligen Generalgouverneurs, und die Stadt Regina taufte, also «Königin», zu Ehren ihrer Mutter, der Königin Victoria. Das war eine Aufwertung, die sicher bei der Entwicklung der Stadt und ihrer Wahl zur Provinzhauptstadt eine Rolle gespielt hat, denn Regina ist ein Schmuckstück, angeordnet um einen künstlichen See,

Weiße Pelikane (auch Nashornpelikan, Pelecanus erythrorhynchos) am Blackstrap Lake

ein kleines Juwel in dieser Gegend, die ansonsten landschaftlich nicht zu den reizvollsten Kanadas gehört. Immerhin ist die endlose Ausdehnung der Getreidefelder mit ihren kleinen baumbestandenen Garteninseln um die Farmen, ein Anblick, der im Gedächtnis bleibt.

Saskatoon

Wenn ein Kuhdorf sehr lange Kuhdorf bleibt und dann mit einem Male aus allen Nähten platzt, gibt es immer einen Grund. Eine Goldader? Nein, viel einfacher: 1883 von aus Ontario eingewanderten Methodisten gegründet, sollte Saskatoon die Hauptstadt einer Abstinenzlerkolonie werden. Der Name der Stadt stammt so auch von einer schlichten essbaren Beere, die in den Weiten der Prärie wächst, der Saskatoonbeere. Die Initiative war damals keine verschrobene Seltenheit: Es gab in der Tat viele solcher Versuche, die zeigen, wie sehr das Alkoholproblem als wesentlicher Faktor des Versagens der gesellschaftlichen Utopie in der Neuen Welt empfunden wurde. Dass sie nicht sehr viel Anklang fand – bis 1908, ein Vierteljahrhundert nach der Gründung, war diese «Stadt» lediglich auf bescheidene 113 Seelen angewachsen –, mag einerseits auf die mit solchen Initiativen oft verbundene ideologische Enge zurückzuführen sein, oder eben darauf, dass das Feuerwasser der Treibstoff war, der den männlichen Erobererdrang anheizte. Mit der Ankunft der Eisenbahn strömten Tausende von Siedlern aus allen Teilen Europas in die Gegend und setzten dem Abstinenzlertraum ein Ende. Dass trotzdem die Straßen dieser größten Stadt Saskatchewans fehlerlos gerade gezogen sind, spricht für die trinkfeste Natur der Planer.

John Lake, einer der Gründer von Saskatoon, würde sich sicher freuen, wenn er erführe, dass er gewissermaßen Trendsetter war. Denn seit den Siebzigerjahren des vergangenen Jahrhunderts hat der Alkoholkonsum beständig nachgelassen. Ein Beweggrund dafür mag die Tatsache sein, dass Hochprozentiges nur in den staatlichen Monopolläden (Liquor Commission) zu erstehen ist, was den Spontankauf mindert.

Heftig wird immer wieder darüber debattiert, ob nicht Marihuana legalisiert werden sollte, da diese Droge angeblich weit weniger schädlich sei als Alkohol oder Zigaretten. Wie sich eine positive Entscheidung auswirken wird, weiß niemand genau zu sagen. Bei jährlich 20 000 Verhaftungen im Zusam-

Oben ***Pronghorn Antilope (Gabelantilope, Antilocapra americana) im Grasslands National Park***

Mitte ***Präriehunde sind keine Hunde, sondern Erdhörnchen, die hundeartig bellen***

Unten ***Prince Albert National Park: Hütte des Naturschützers Grey Owl, dessen Leben verfilmt wurde («Grey Owl», Hauptdarsteller Pierce Brosnan)***

menhang mit Anbau und Vertrieb von Marihuana wäre ein solcher Schritt in vieler Hinsicht auch volkswirtschaftlich relevant, denn diese Verhaftungen schlagen sich ja als öffentliche Dienstleistungen positiv im Bruttosozialprodukt nieder und verhelfen dem Staat zur Gelegenheit der Autoritätsausübung. Handkehrum würde eine Legalisierung auch zu neuen Steuereinnahmen führen.
Mag man sich auch im eher liberalen Kanada staatlicherseits diesbezüglich nicht so sehr an das Repressionsprofil klammern, so hat man dennoch nicht die Rechnung ohne den Wirt südlich der Grenze gemacht, der kategorisch darauf pocht, dass überall in Nordamerika gleiches Recht für Drogensünder herrschen soll. Es wird also wohl noch eine Weile dauern, bis die Gästezimmer-Marihuanaplantagen in den Wohnblocks und Vorstadtvillen legal als Kleinunternehmen betrieben werden können.

Land der Tanzfeste

Saskatchewan gilt als Land der Powwows. Diese indianischen Tanzfeste finden in der Provinz den ganzen Sommer über statt; kaum ein Tag vergeht, an dem nicht irgendwo die Trommeln gerührt werden. Ihr Dröhnen symbolisiert den Herzschlag der «Mutter Erde». Ein Zug von Tänzern wird vom Vortänzer und Gästen von anderen Stämmen

Powwows sind indianische Sommer-Tanzfeste mit sakralem Charakter – hier im Städtchen Duck Lake (90 Kilometer nördlich von Saskatoon)

in den Tanzkreis geführt. Die traditionellen Tanzschritte laden die Geister – in westlicher Terminologie Naturgesetze – ein, der Jahreszeit oder einem besonderen Unternehmen ihre Unterstützung zu verleihen.
Das farbenfrohe Dekor und die eigentümliche Musik täuschen den Besucher darüber hinweg, dass es sich hierbei ursprünglich um ein Ritual handelt, dessen Präzision der Ausführung ebenso wichtig war, wie es heute beispielsweise die Wartung eines Düsenriesen ist. Ein Fehltritt der Tänzer konnte den Absturz einer Unternehmung herbeiführen.
Oft schließt ein solcher Powwow mit einem Gebet und sogar einer Fahnenzeremonie ab, was den sakralen Charakter der Veranstaltung unterstreicht. Allerdings hat der Säkularismus auch vor den Ureinwohnern Kanadas nicht halt gemacht, und so sind Tänzer und Besucher vereint in der unbefangenen Freude an Rhythmus, Bewegung und Farbe.

Alberta

Oben *Blick zur Stadt Edmonton am Saskatchewan River*

Links *Fast wie im alten Rom: Wagenrennen am Rodeo in Rockyford*

Wenn Alberta ein deutsches Bundesland wäre, so würde an der Autobahn irgendwo ein Schild «Freistaat Alberta» stehen. Wer da meint, nur die Provinz Québec vertrete den Anspruch auf einen Sonderstatus, hat die Geschichte Kanadas nur in groben Zügen verstanden. Alberta empfindet sich als Herzland des freien Unternehmertums und hegt deswegen keine sehr freundschaftlichen Gefühle gegenüber der Zentralregierung in Ottawa, wirft ihr fettleibige Verwaltung, Realitätsferne und Kopflastigkeit vor und den Fehdehandschuh hin: Man könne sich auch mit Gesinnungsverwandteren zusammentun. Es bestehen ja beste Beziehungen zum Hauptabnehmer des Erdöls, den USA, und ein nicht unerheblicher Anteil der Unternehmer, die in den ersten Boomjahren nach Alberta kamen, stammen aus Texas. Die «Entfremdung des Westens» (Alienation of the West) hat hierzulande sozusagen ihren Geschäftssitz.

Auch parteipolitisch fährt man nicht auf derselben Schiene wie die chronisch liberale Seilschaft auf dem Parliament Hill. Die steigenden Ölpreise haben dafür gesorgt, dass die Beziehungen erneut auf die Probe gestellt wurden. Denn Alberta hat Erdöl, viel sogar. Die Teersände von Athabasca gelten in Fachkreisen als die größten Erdölvorkommen der Welt, und auch an anderen Stellen der Provinz nicken in den Ge-

Oben ***Hängebrücke über den Piece River bei Dunvegan***

In Alberta, nicht auf dem Mond: Badlands (hier bei Drumheller), ein Gebiet, das vormaleinst von Dinosauriern beherrscht war, was die vielen Skelettfunde beweisen

Calgary, Albertas größte Stadt: Skyline, davor das Saddle Dome Stadion, dessen Dach bewusst einen Reitsattel symbolisiert

treidefeldern die «Eselsköpfe», wie man die Ölpumpen hierzulande nennt. Diesen Reichtum, wie auch die reichlich vorhandene Pottasche, will die Provinz natürlich zu Weltmarktpreisen verkaufen. Die Nähe von Hemd und Hose ist allerdings je nach Perspektive verschieden: Ottawa besteht darauf, dass Alberta seinen Ölsegen an die bevölkerungsreichen Provinzen des Ostens – besonders Ontario und Québec – zum Vorzugspreis abgibt, was immer wieder für böses Blut sorgt.

Vierhundert Quadratkilometer große Farm

Das Gros der Siedler kam, nachdem 1883 die Canadian Pacific Railway das damalige Fort Calgary erreichte und kaum acht Jahre später Edmonton an die Grand Trunk Railways angeschlossen wurde. Anfangs erwarben Rancher aus den USA und Großbritannien Weiderechte für riesige Flächen der Prärie; so umfasst beispielsweise die Cochrane Ranch im Westen von Calgary allein 40 000 Hektar. Es folgten dann die sogenannten Homesteaders (Heimstätter), die sich für zehn Dollar in der Wildnis einkauften, wo sie sich den Traum eines Lebens in Freiheit erfüllen wollten.

«So war ein Depressionsjahr vergangen, man wunderte sich und fasste neuen Mut. Ein Jahr zuvor war ich im West-Express gesessen und ins Blaue gefahren, einer unbestimmten Zukunft entgegen. Ich war damals immer noch ein vaterlandsloser Gesell, ein gesellschaftsfeindlicher Proletarier. Nun hatte ich

West Edmonton Mall, ein über 13 Quadratkilometer großes Einkaufszentrum und zugleich der größte überdachte Wasserpark mit dem weltgrößten überdachten See

Oben *Bankenwolkenkratzer in Calgary*
Folgende Doppelseite *Eine Traumlandschaft ist der Waterton Lakes National Park – und darum ein Unesco-Welterbe*

Oben und rechts ***In Stein geschriebene Erdgeschichte: Writing-on-Stone Provincial Park***

eine Aufgabe, denn ich hatte ein Stück Land. In dem Ruf »Proletarier aller Länder …« lag ein Versprechen. Man konnte in dem Wahne leben, die ganze Welt zu besitzen, und hatte doch nichts. Man lebte nur einer Idee. Wenn ich nun etwas tat, hatte es einen Zweck, ich konnte die Frucht meiner Arbeit sehen. Ich wusste: Wenn ich jetzt nicht vorarbeitete, würde ich in meinen alten Jahren am Hungertuch nagen müssen. Kanada gab mir neue Hoffnung, und das erste Jahr hatte nicht getrogen. […] Meine erste Heimstätte hatte ich allein mit der Axt gesäubert. Auf meiner zweiten Heimstätte musste ich dreißig Acres [gut zwölf Hektar] Land roden, bevor ich den Besitztitel bekommen konnte. Es war gutes Land, aber bis zu zwei Fuß [über einen halben Meter] dicke Pappeln standen darauf. Ich grub um die Pappeln herum, hackte die Wurzeln ab und ließ sie stehen. Der nächste Wind blies sie um. Später dann kamen die Buschroder. Ein solches Gerät kriecht wie eine große Spinne mit einer Geschwindigkeit von nur drei Meilen per Stunde über das Land, aber es ist eine eindrucksvolle Maschine. Dieses Eisenbiest singt einen Gesang nicht ungleich dem Liebesruf eines Sauriers aus einem längst vergangenen Zeitalter. Was auch immer in seinem Weg ist, wird abgeschnitten und zur Seite geschoben oder in den Grund gedrückt. Wenn ein Mann aus Versehen gegen einen Baum rennt, dann bleibt er stehen und schaut nach dem Hindernis. Der Buschroder bleibt nie stehen. Wenn er gegen einen Baum, rennt, kann man sehen, wie der Baum erschrocken bis ins Mark ist. Er zittert, als ob er plötzlich krank geworden wäre, und fällt unversehens zur Erde. […]

Das Heimstätterleben ist vor allem Arbeit und nochmals Arbeit. Es gibt

aber Augenblicke, in denen der Heimstätter mit unwiderstehlicher Gewalt von der Poesie des Lebens ergriffen wird und sich pantheistischen Gefühlen hingibt. Die Abende können von idyllischer Schönheit sein. Mit dem sinkenden Licht nimmt auch der Wind an Stärke ab. Wenn ich zum letzten Mal über den Hof gehe und dann ins Haus zurückkehre, dämpfen sich alle Stimmen auf der weiten Prärie zum Flüstern. In solchen Momenten sage ich mir: Wenn ich noch fähig wäre, an Gott zu glauben, würde ich jetzt die Hände zum Gebet falten. Doch ich habe es aufgegeben, einer nichtexistierenden Gottheit den Hof zu machen. Ich freue mich über die Erfüllung meiner Wünsche und atme die Einsamkeit wie Medizin.» (John Grossmann: Streiflichter vom Rande der Zivilisation. Die Erlebnisse eines deutschen Heimstätters im Peace-River-Gebiet. Deutschkanadisches Jahrbuch, Toronto, 1973)

Trotz aller Härten des kargen Lebens war der Traum ein hartnäckiger: Allein zwischen 1901 und 1911 nahm die Bevölkerung von Alberta von 73 000 auf 375 000 zu. 1919 war der Traum jedoch zum Albtraum geworden.
Viele Heimstätter waren gezwungen, nach Missernten oder Preisverfall für ihre Erzeugnisse ihr Heil in den wenigen Städten zu suchen, wo bald ein kanadisches Proletariat entstand, ei-

Am Peyto Lake im Banff National Park

gentlich ein Widerspruch in sich selbst. Soziale Bewegungen schießen aus dem Boden; kommunistisches Gedankengut reift in der One Big Union, dem Dachverband der Arbeitergewerkschaften des kanadischen Westens. Auch hier schreitet die Zentralmacht mit drastischen Maßnahmen ein und erstickt den um sich greifenden Marxismus im Keim.

Was von der Dynamik des Protests übrig blieb, waren zwei politische Bewegungen, von denen zumindest die eine noch heute die Politik Kanadas prägt: Social Credit und die Cooperative Commonwealth Federation (CCF). William Aberhart, der 1935 zum Premier von Alberta gewählt wurde, warf Ottawa den Fehdehandschuh hin: Die Provinz verweigerte Steuerzahlungen, halbierte einseitig den Zinssatz für Staatsanleihen und begann mit dem Druck eigenen Geldes.

Es bedurfte jahrelanger Beharrlichkeit von Seiten der kanadischen Bundesregierung, um diese Bresche im Föderalismus zu schließen. Leicht haben es die Premierminister in Ottawa nicht, denn die durch die gewaltige Ausdehnung und die kulturelle Vielfalt des Landes bedingten zentrifugalen Kräfte sind unberechenbar, und kaum hat man den Québecois ein Zugeständnis gemacht, da bekommt man auch schon eine Ohrfeige aus dem Westen, dem Québec eigentlich den Buckel hinunterrutschen könnte. Allerdings ist man sich bei allem Schmollen bewusst, dass niemand so genau weiß, wohin das Rutschen führen würde. Und interessanterweise kommt es just immer in dem Moment, wo gerade einmal wieder Themen wie die Währungsunion mit den USA oder sonstige Annäherungsmanöver die Gemüter beschäftigen, zu Ereignissen beim südlichen Nachbarn – Abschreckungszölle für Holzprodukte, Einfuhrembargo für Rindfleisch, Schießereien wie in Columbine –, die der Anschlusskeckheit einen Riegel vorschieben und allen Kanadiern vor Augen führen, dass nationale Solidarität nicht nur Nachteile hat.

Oben ***Warten auf den Mond? Kojote, der nordamerikanische Präriewolf (Banff National Park)***

Mitte ***Wehrhafter Dickhornschafbock (bighorn sheep), fast zwei Meter körperlang mit 90 Zentimeter langen Hörnern – nicht zu vergleichen mit lammfrommen Wollschafen (Jasper National Park)***

Unten ***Wald-Bisons (Bison, lateinisch für Auerochse) – bis drei Meter lang und bis fast zwei Meter schulterhoch – erwarten Respekt und beanspruchen wie Elche den Vortritt auf allen Straßen (Elk Island National Park)***

The Greatest Outdoor Show on Earth

Der Wilde Westen lebt zumindest einmal im Jahr wieder auf, wenn Tausende zur Calgary Stampede in der Stadt zusammenkommen, bei der Cowboys sich sattellos auf Mustangs und Stieren tummeln, mit Lassos Kälber zu Paketen verschnüren oder gar Stiere mit Muskel-

Oben *Bow Glacier – wie ein Dämonengesicht wirkend (Banff)*

Folgende Doppelseite *Moraine Lake im Banff National Park*

kraft zu Boden zwingen. Planwagenwettrennen, Countrykonzerte und natürlich die größten und saftigsten Steaks der Welt runden dieses Touristenspektakel der Superlative ab.

Calgary ist auch außerhalb der Touristensaison eine gastliche Stadt. Überhaupt wird der Besucher in den westlichen Provinzen sehr freundlich aufgenommen; nicht selten kommt es vor, dass sich eine Zufallsbekanntschaft spontan die Zeit nimmt, einen durch die jeweilige Stadt oder gar durch die Gegend zu fahren. Und die ist wirklich spektakulär. Schon ein Blick über die Foothills, also das Vorgebirge, auf die fern dahinter aufragenden Rockies lässt spontan den Wunsch entstehen, wie die alten Schamanen vom Boden abzuheben und über die weitgeschwungene Landschaft zu gleiten.

Die Badlands

«Das sind aber mal Riesenknochen. Das können doch keine Büffel gewesen sein!» Die Gruppe, die 1884 als erste unterhalb der Klippen am Red Deer River nahe der Stadt Drumheller auf die Knochenhaufen stieß, war ratlos. Es war ja bekannt, dass die Indianer auf ihren Jagden ganze Büffelherden über die Steilwände getrieben hatten, aber solche großen Tiere …? Die Sache sprach sich herum und kam Archäologen zu Ohren. Sie identifizierten den Fund als einen der weltweit größten Dinosaurierfriedhöfe. Der Dinosaurierpfad führt den Besucher nicht nur zu den Fundstätten, sondern auch in die spektakuläre Canyonlandschaft der Badlands, wobei dieser Name sich lediglich darauf bezieht, dass es sich um kein fruchtbares Ackerland handelt, wie es sich oberhalb der Schlucht in endlosen Weizenfeldern erstreckt. Nur Salbeibüsche gedeihen in der Wüstenei. Noch eindrucksvoller ist die Landschaft etwa 170 Kilometer flussabwärts, wo inmitten der Schlucht die Hoodoos stehen, pilzähnliche Naturskulpturen aus Stein.

Oben *Szene mit Bighorns am Yellowhead*

Mitte *Bootshaus am Maligne Lake*

Unten *Athabasca Falls im Jasper National Park*

Vorhergehende Doppelseite *Wie ein romantisches Gemälde: Maligne Lake mit der Spirit Island (Jasper)*

Rechts *Bergflanke südlich des Bow Lake (Banff)*

Jasper-Nationalpark

Folgt man im späten Frühjahr, wenn an den Hängen der Schnee in Kaskaden von den Felsen herunterstürzt, einem der zahllosen Wanderwege in diesem fast 11 000 Quadratkilometer – mehr als die Hälfte der Fläche Hessens – großen Nationalpark, empfindet man eine Stille, die es sonst nirgends in Kanada gibt: die feierliche Stille des Regenwaldes und das leise Tropfen des Wassers, das an den Bäumen von Blatt zu Blatt und an langen Strängen von Moos herunterrinnt. Hier ist jener zeitlose Geist lebendig, wie er in den mythologischen Gemälden Emily Carrs seinen Ausdruck gefunden hat.
Kilometerhohe schroffe Berge und Felsen, von ewigem Schnee bedeckt, ragen über den tiefblauen glasklaren Maligne-See, der wie ein Juwel von leuchtend grünen Bergwiesen und rauschenden Tannen umgeben ist. Beugt man sich auf den duftenden Kräuterteppich herab, so begegnen uns viele unbekannte Pflanzenformen, Käfer und Insekten. Über den See nähert sich ein einzelner Vogel und schwebt scheinbar mühelos auf breiten Flügeln dem Ende des Tales zu – ein Fischadler, der sich dieses Paradies mit Wildkatzen, Elchen, Bären und Wölfen teilt.

Bezahlte Brandstifter

In den waldreichen Gegenden Kanadas kommt es immer wieder zu großflächigen Waldbränden, deren Rauchfahnen Hunderte von Kilometern über das Land ziehen, den Himmel wie mit Industriesmog einfärben und bei empfindlichen Menschen Atemnot verursachen. Sie werden mit einem beachtlichen Arsenal von Feuerlöschtechniken und Gerät bekämpft.

Berühmt in diesem Zusammenhang ist der speziell dafür entwickelte Wasserbomber, der im Flug Wasser aus einem See aufnehmen und damit ohne zeitraubende Lande- und Startmanöver wieder zum Brandherd zurückfliegen kann. Er wird auch in anderen Ländern mit Erfolg eingesetzt.

Weniger bekannt, aber durchaus ebenso wichtig ist die Entdeckung von Naturforschern, dass es seit Urzeiten von Blitzen oder von Menschenhand erzeugte kleinflächige Wald- und Buschbrände gegeben hat, mit denen leicht entzündliches Unterholz entsorgt, Monokulturen und der damit verbundene Schädlingsbefall in Schach gehalten, Platz für neuen Baumwuchs und andere niedriger wachsende Biotope geschaffen und, was am wichtigsten ist, Großbrände mit Schaden für Mensch und Tier vermieden wurden. So ist über die Jahre eine regelrechte «Brandstiftertechnik» entstanden, mit der unter ganz bestimmten Wetterbedingungen kontrollierte Brände gelegt und geleitet werden.

Britisch-Kolumbien

Oben *Kajak im Schoen Lake Provincial Park, Vancouver Island*

Links *Clearwater Lake, diesmal in klaren Farben (vgl. S. 165)*

Der Zug rollt aus den Bergen in das Vorland, das sich zum Pazifik hinabsenkt. Kurz darauf sind wir in Vancouver, der Hauptstadt von British Columbia, angelangt. Auch hier hat die Eisenbahn die geopolitische Landkarte gestaltet. Eingezwängt zwischen Kalifornien und dem damals frisch von Russland erworbenen, nunmehr US-amerikanischen Alaska, und vom Rest Kanadas abgeschnitten, war es nur logisch, dass die Stadt aus wirtschaftlichen Gründen den Anschluss an die USA in Erwägung zog. Wollte ein Geschäftsmann von Vancouver nach Osten reisen, musste er erst mit dem Schiff nach San Francisco, dann den Zug nach Buffalo nehmen und von dort wiederum den Zug nach Toronto oder Ottawa.

So versprach die junge Konföderation baldige Abhilfe: Am 23. Mai 1887 dampfte der erste Zug der Canadian Pacific, aus Montréal kommend, in den Bahnhof von Vancouver. Zahlreiche Siedler folgten, welche die fruchtbaren Täler mit ihrem milden Klima in Obstplantagen und Weingärten verwandelten; in den Jahren der großen Wirtschaftskrise folgten die Hobos, die arbeitslosen Landstreicher aus den kalten Städten des Winterlandes jenseits der Rockies. Umgekehrt machten sich von hier die asiatischen Familien auf den Weg zur Gründung von florierenden Unternehmen in den Ballungsgebieten des Ostens.

Downtown Vancouver am Canada Place im Hafenviertel

Totem im Anthropologischen Museum von Vancouver

Brunnen in der Downtown Vancouvers

Totempfähle der Kwakwaka'waku in Albert Bay auf der Vancouver Island

Vancouver – «Hollywood des Nordens»

Kanadische Politiker beklagen oft die Abwanderung gerade qualifizierter Arbeitskräfte in den zahlungskräftigeren Süden. Genau das aber bewirkt umgekehrt wiederum den Zuzug von Fachkräften aus eben diesem Süden. So zum Beispiel geben sich Produzenten aus den USA für den Dreh ihrer Filme in Montréal, Toronto und Vancouver die Klinke in die Hand. Besonders Vancouver mit seiner atemberaubenden Stadtkulisse vor schneebedecktem Küstengebirge, seiner vielfältigen Natur, dem milden Klima und natürlich dem niedrigeren Lohnniveau ist über die Jahre zum «Hollywood of the North» avanciert. Aber nicht nur die wirtschaftlichen Vorteile spielen eine Rolle, sondern auch die Tatsache, dass in Kanada eine gesellschaftlich anregende Stimmung herrscht.

Nach den langen Jahren der Entbehrungen, der wirtschaftlichen Unsicherheit und der politischen Unruhen der Entstehungszeit des Landes ist man heute eher auf Genießen eingestellt – volle Restaurants und Kinos, ausgebuchte Hotels und Reiseveranstalter zeugen von einem hohen Verbrauchsniveau. Auch in der Politik lässt man sich unterhalten: Sexskandale sind im politischen Klima Kanadas eher die Ausnahme; die sich in den Weiten Kanadas verlierenden Steuermillionen oder gelegentliche Gratisurlaube von Politikern in den luxuriösen Ferienhäusern von Regierungsgönnern und -freunden sind da eher ein Thema. Belohnt werden die erfolgreichen Politakteure durch weitgehende Straffreiheit. Besonders hohen Unterhaltungswert haben trinkfreudige Spitzenpolitiker, wenn sie Fahrerflucht begehen und dann den Katzenjammer in Form eines weinerlichen Fernsehauftritts in Szene setzen, um sich die

Oben ***Riesenkrabbe vor dem Pacific Space Center des Vancouver Museum***

Rechts ***Parlament von Britisch-Kolumbien (1898) in Victoria auf der Vancouver Island***

öffentliche Absolution zu holen. Nach einem Hieb mit der Mediengeißel wird diese auch großzügig gewährt. Schließlich trinken ja alle selbst gerne, und wer wirft im Glashaus mit Steinen?

Bei aller Offenheit und fast institutionalisiertem Liberalismus haben Politiker und Wähler zwischen Saint John's und Victoria allerdings Schwierigkeiten, außerhalb der Box zu denken. Nachdem in den Jahren um die Wende vom 20. zum 21. Jahrhundert ein Regierungsskandal nach dem anderen der Nation die Selbstbedienungsmentalität an den Schaltstellen der immer zentraler gebündelten Macht drastisch vor Augen geführt hat, gibt es jetzt von Parlamentariern und von Institutionen geleitete Initiativen, die sich und den Bürgern die Frage stellen, warum es mit der kanadischen Demokratie so steil bergab geht. Die Antwort ist stets die gleiche: Es sei endlich neuer Wein in die guten alten Schläuche der demokratischen Institutionen zu füllen.

Guter Rat ist teuer auf die Frage, welcher Jahrgang es denn sein soll, der die Wende bringen mag. Denn die Kultusministerien sind landesweit im Begriff, das Erziehungssystem von einem bildungs-

Hafen von Victoria

Vorhergehende Doppelseite ***Skeena Valley mit Skeena River und Coast Mountains***

orientierten zu einem ausbildungsorientierten umzufunktionieren. Ziel: die möglichst marktgemäße Bereitstellung von Fachkräften.

Dass diese Art von kurzfristigem Rentabilitätsdenken keinen Staatsbürger heranbildet, dem man politische Mündigkeit und Mitarbeit zumuten kann, wird in der auch in Kanada orientierungslosen Debatte über die Zukunft des Erziehungswesens vergessen. Kein Wunder also, dass das politische Interesse gerade der jüngeren Wähler einen Tiefstand erreicht hat: Immerhin lag die Wahlbeteiligung bei den Bundeswahlen 2004 bei kaum über 60 Prozent. Davon bekam die entstandene Minderheitsregierung weniger als 50 Prozent.

Geht man nun realistischerweise davon aus, dass etwa ein Viertel davon nur deswegen die liberale Szylla wählten, weil die Charybdis der Conservative Party noch unzumutbarer erschien, so stützt die so entstandene Regierung ihren Legitimitätsanspruch auf etwa 23 Prozent der Wählerschaft – Anlass zu einem tief greifenden Überdenken demokratischer Grundwerte, das allerdings noch keine sichtbaren Früchte getragen hat.

Blick vom Vanies Park auf Vancouver

Folgende Doppelseite *Vancouver: 1524 Meter misst die Lions Gate Bridge über die First Narrows (links); nicht immer smaragdfarben: Emerald Lake im Yoho National Park (rechts)*

Vancouver Island

Die Größe Kanadas wird Ihnen so recht bewusst, wenn Sie auf die «kleine» Insel an der Westküste fahren, denn nach einer Fahrt von der Südspitze von Vancouver Island an die Nordspitze haben Sie rund tausend Kilometer mehr auf dem Tacho. Und dabei ist die Insel verglichen mit dem Rest des Landes wirklich nur ein Pünktchen. Verlässt man mit der Fähre den Hafen von Vancouver, bekommt man das Gefühl, irgendwie diesen Kontinent, ja sogar die Zivilisation hinter sich zu lassen. Kaum vorzustellen, dass nach dem Inselgewirr noch einmal richtig Land auftaucht, zumal einem die Möwen einen Abschied für eine lange Seereise vorgaukeln. Seehunde tauchen auf, Wale; man glaubt, in ein Märchenland zu fahren, einfach so, mit einem einfachen Fährticket von Vancouver nach Victoria. Es ist ein Vorspiel zu dem, was Sie empfinden, wenn Sie tags darauf einen Ausflug an die Westküste der Insel machen und hinaus auf die Weite des Pazifischen Ozeans schauen. Was dort fern im Westen jenseits der gewaltigen Wasserfläche liegt, aus der die Wellen in ausdauern-

20

Oben *Unklare, aber sentimentale Stimmung überm Clearwater Lake in der Chilcotin Region*

Links *Brandywine Falls Provincial Park – bitte nur nüchtern auf die Zuschauerstege!*

Linke Seite *Zu zweit in der John Stone Strait nahe Port McNeill (oben)*
Allein auf dem McLeod Lake (unten)

Vorhergehende Doppelseite
Filmreife Szene – das Schwert eines Großen Schwertwals (Orka oder Mörderwal, bis neun Meter lang) bei Telegraph Cove, Vancouver Island (links oben);
Seelöwen auf der Queen Charlotte Island (links unten);
Weißkopfadler auf Queen Charlotte (rechts oben)
Hängebrücklein im Mount Robson Provincial Park (rechts unten)

Bei Cache Creek

den Brechern den Kieselstrand hinaufrollen, ist – der Osten.

Wer unverstellte Natur genießen will, meldet sich zu einer einwöchigen Wanderung auf dem West Coast Trail an, der nur für eine bestimmte Zahl von Wanderern pro Tag freigegeben wird. Er stellt allerdings erhebliche Anforderungen an Kondition und situationsgerechtes Verhalten, denn an manchen Stellen kann ein falscher Tritt das Ende des Ausflugs bedeuten.

Leichter ist der Juan-de-Fuca-Wanderweg, und wer eher nur zum mühelosen Schlendern aufgelegt ist, für den sind die landesweit bekannten subtropischen Butchart Gardens in Victoria genau das Richtige: ein Lieblingsreiseziel von Flitterwöchnern und Ruheständlern, die dem harten Winter in den anderen Provinzen entfliehen wollen, aber keine Lust haben, wie die eingangs erwähnten Snowbirds, ins US-amerikanische Florida zu ziehen.

Schleife des Chilcotin-River im Farewell Canyon bei Hanceville

Greenpeace

Während im Jahre 1970 die Unruhe im Bewusstsein des Landes an der Ostküste in Bombenanschlägen und politischen Morden der québecischen Separatistenbewegung Ausdruck findet und der damalige Premierminister Pierre Elliott Trudeau den Kriegszustand ausruft, entsteht im Westen eine Protestbewegung ganz anderer Art. Hier in Vancouver, wohin es eine große Anzahl der US-amerikanischen Wehrdienstverweigerer verschlagen hat, die wie seinerzeit die aus den USA einströmenden Loyalisten einen richtungweisenden Einfluss auf die Entfaltung des Landes ausgeübt haben, schließt sich eine Gruppe von jungen Menschen zusammen, die in den dunklen Tagen des Kalten Krieges nicht an das glauben wollen, was damals unausgesprochen die Gemüter überschattete: den unausweichlichen Untergang der Welt. Stattdessen beginnen sie

Oben *Gefleckt wie ein Jaguar: Spotted Lake nahe Osoyos*

Links *Luchs und Karibu gehören zur typischen Fauna Britisch-Kolumbiens*

Rechts *Kanada ist das Land der Bären. Ein Grizzly-Bär – Graubär, obwohl er oft bräunlich ist (lat. Ursus arctos horribilis = Schrecklicher Bär) und ein einsamer Schwarzbär in den Rocky Mountains*

Oben ***Am Sushwap Lake nahe des auch in Kanada sonnigen Sorrent(o)***

Linke Seite ***Hunlen Falls im Tweedsmuir Provincial Park***

mit der Planung eines utopischen Unternehmens: Sie wollen mit einem kleinen Fischerboot zur Insel Amchitka an der Spitze der Aleuten fahren, wo die US-Armee einen unterirdischen Atombombentest durchführen will. Wer nur ein bisschen in der Schule aufgepasst hat, weiß, dass diese Region seismisch sehr aktiv ist. Eine Atombombenexplosion konnte sehr leicht ein verheerendes Erdbeben auslösen. Die Aufgabe ist, die Medienaufmerksamkeit auf diesen Ort zu lenken und der Welt die sich anbahnende Gefahr bewusst zu machen.

Wer meint, dass Mythologie sich immer nur in grauer Vergangenheit abspielt, wird durch die Geschichte dieser Fahrt von David gegen Goliath eines Besseren belehrt. Ähnlich den Ereignissen auf dem russischen Panzerkreuzer *Potemkin* geschieht auch an Bord des US-Küstenschutzschiffs *Confidence* («Vertrauen»), das die *Greenpeace* abfängt, etwas Wunderbares: Die Mannschaft unterschreibt

die Petition der Greenpeacer gegen den Test. Und die Öffentlichkeit, zunächst die kanadische und dann die internationale, hört tatsächlich zu. Solidaritätsbekundungen treffen ein von kirchlichen Organisationen, Gewerkschaften und sogar von der Liberalen Partei. Eine Bewegung ist geboren, die als Ausdruck eines neuen, globalen Bewusstseins mittlerweile nicht mehr aus der Weltpolitik wegzudenken ist.

Tsimshian

Die indianische Kultur auf der Pazifikseite Kanadas hat mehr von ihrer Ursprünglichkeit bewahrt als der voll kolonisierte Osten. Ein Grund dafür mag die Geografie mit ihrer zerklüfteten Landschaft sein, die einer flächendeckenden Kolonisierung im Wege stand, ein anderer, dass die dortigen Ureinwohnernationen nicht in die Kriege zwischen den Kolonialstaaten Frankreich und Großbritannien einbezogen und darin zerrieben wurden. Dafür gab es andere Dezimierungsstrategien, die große Lücken in die Bevölkerung rissen. Auch die Geschichte Kanadas hat ihre schwarzen Seiten, und die zum Teil gezielte Ausrottung der Urbevölkerung durch Ansteckung mit Krankheitskeimen aus der Alten Welt in Kombination mit Alkohol und Deportation ist eine von diesen. Kaum 25 Jahre nach der Errichtung eines Handelspostens der Hudson's Bay Company in Prince Rupert im Jahre 1834 beispielsweise war die Zahl der aus ihrem ursprünglichen Siedlungsort verdrängten Angehörigen des Tsimshian-Stammes um ein Drittel dezimiert.

Auch heute hat die Politik der Verdrängung noch nicht aufgehört, wenn auch die Konfliktlinie zunehmend nicht mehr ethnisch bedingt ist, sondern, gerade im Westen Kanadas, ein breites Spektrum von Gruppierungen Einspruch erhebt gegen Raubbau und sich einsetzt für einen umweltverträglichen Umgang mit der Natur. Starke Stimmen wie die des international renommierten Umweltschützers David Suzuki verschaffen sich Gehör, und das nicht nur auf lokaler Ebene, wenn es darum geht, dem Abholzen von Urwäldern auf der Insel Haida Gwai oder anderen Auswüchsen des Konsumanspruchs Einhalt zu gebieten.

Der Blick zurück auf die Geschichte der Kolonisierung der kanadischen Pazifikregion bietet jedoch auch hellere Episoden. Da ist zum einen das Beispiel des anglikanischen Missionars William Duncan, der im Jahre 1862 mit fünfzig Indianern die Stadt Fort Simpson verließ und den Versuch unternahm, dem verlassenen Dorf Metlakatla neues Leben einzuhauchen, fern des von Pocken, Alkoholismus und anderen Übeln geprägten Lebens in der Stadt. Duncan, der bereits neun Monate nach seiner Ankunft an der Westküste seinen Gemeindemitgliedern in ihrer eigenen Sprache predigte, war auch sonst ein außergewöhnlicher Mensch. Es gelang ihm, ein Musterbeispiel der Integration zu schaffen, Metlakatla, einen Ort, in dem viktorianische Ordnung und indianisches Naturleben einander ergänzten und zu kultureller wie auch wirtschaftlicher Blüte führten.

Und dieser Erfolg war es wiederum, der dann auch den Niedergang einleitete: Der Neid der Hudson's Bay Company, die im wahrsten Sinne des Wortes ihre Felle davonschwimmen sah, und der bekehrerische Eifer des örtlichen anglikanischen Bischofs, dem wohl weniger an der Integration als vielmehr an der Dominanz der «wahren Werte» gelegen war, führten das Ende des Vorstoßes in eine humanere Zeit herbei.

Meditation im Yoho-Nationalpark

Einer der Juwelen des Yoho-Nationalpark ist der Emerald Lake mit seinem türkis schimmernden Wasser, das seine Farbe dem Gesteinsmehl aus dem Abrieb der umliegenden Gletscher verdankt. Die erhebende Naturszenerie war im September 1964 die Umgebung für ein Ereignis, das in aller Stille den

Rechte Seite ***Bei Field Townsite im Yoho National Park (oben); Transcanada Highway in den kanadischen Rockies (unten)***

Vorhergehende Doppelseite ***Majestätische Gipfel in majestätischem Farbenspiel: Cathedral Crags im Yoho National Park***

Grundstein für ein Element der kanadischen Gesellschaft legte, das auch heute noch seinen Einfluss ausübt – was für die meisten Westeuropäer nicht nachvollziehbar ist. Hier gab der vedische Meditationslehrer Maharishi Mahesh Yogi eines seiner das ganze Land überziehenden Seminare über die von ihm entwickelte Tiefenentspannungstechnik Transzendentale Meditation.

In der Tat hat das Interesse an einer eigenständigen Gesundheitsvorsorge mit den Jahren zugenommen; das utopische Ideal einer medizinischen Vollversorgung nach Krankheitseintritt verliert an Rückhalt. Nachvollziehbar wird daher zunehmend die Perspektive, durch «systematische Erfahrung des Grundzustandes des menschlichen Bewusstseins» die eigenen Selbstheilungskräfte zu wecken und durch die Erfahrung inneren Friedens zu größerer Selbständigkeit zu gelangen.

Wem der Sinn mehr nach Transzendenz durch Sinneserfahrung steht, der ist hier genau an der richtigen Stelle. Denn hier im Yoho- Nationalpark hebt einen jede neue Perspektive etwas höher in den Himmel als die vorherige. Wanderwege verschiedener Schwierigkeitsgrade führen durch die sorgfältig in ihrer Ursprünglichkeit bewahrte Bergwelt, die auch im Zeitalter des Massentourismus dem Besucher seine Gipfelerfahrung nicht vorenthält. Wer seine Aufmerksamkeit nicht zwischen Straße und Bergpanorama teilen will, der steigt am besten schon in Calgary, Hauptstadt des östlichen Nachbarn Alberta, in den Zug und genießt den Ausblick aus den luxuriösen Panoramakuppelwagen. Er darf sich als glücklicher Nutznießer eines der unfallreichsten Bauvorhaben der Eisenbahngeschichte betrachten, bei dem eine ungezählte Anzahl von Bauarbeitern, vor allem chinesische Kulis, den Aufbruch in eine bessere Zukunft mit dem Leben bezahlten: Zumindest für die Strecke durch die Rockies kostete jeder Kilometer an steilen Abhängen und durch zahllose Tunnel etwa 16 Menschenleben.

Dank für ihre unermüdliche Arbeit bekamen auch die Überlebenden nicht, denn kaum war die Eisenbahn gebaut, als auch die Regierung schon neue Gesetze einführte, die den Zuzug weiterer Chinesen durch eine Kopfsteuer in Höhe von zwei Jahreseinkommen praktisch unterband und damit den Arbeitern, die mit dem hart erworbenen Geld ihre Familien nachkommen lassen wollten, die Zusammenführung faktisch unmöglich machte. Erst nach dem Zweiten Weltkrieg wurden die in der Folge weiter verschärften Gesetze aufgehoben; der

Oben *Cowgirls*

Mitte *Kein Bild aus Kalifornien! In dieser Weinkellerei (Red Rooster Winery im Okanagan Valley) werden kanadische Trauben in Wein verwandelt*

Unten *Preiselbeeren (cranberry, Kronsbeere) sind typisch nordische, ja hochnordische Früchtchen: hier Ernte bei Langley*

weltweite Trend zu mehr kultureller Offenheit erlaubte es den Nachkommen der glücklosen Pioniere, den Traum von einem neuen Leben zu verwirklichen. Dem asiatischen Nachbarn im Zug sieht man nicht an, dass seine Existenz von den unsichtbaren Schultern derer getragen wird, deren Leben irgendwo entlang der Gleise endete. Er schaut begeistert auf die schneebedeckten Gipfel und strahlt: «Fine country, Canada, this is!»

Der Sieg der Vernunft – eine Episode aus dem Westen

«Colonel Quint, der erst seit dem späten Sommer dem Lager vorstand, hatte von seinem Vorgänger allerhand Ungereimtes gehört und wie so manche Geschichten aus dem Land der Wilden für reichliche Fantasie gehalten. Aber was er jetzt sah, übertraf denn doch alles, was er bislang erlebt hatte. Der große Scheiterhaufen, den Jung und Alt seit Tagen zusammengetragen hatte, war entzündet worden und loderte in den frühen Herbstabend. Tanzend umringten ihn Männer und Frauen. Da trat der Häuptling der Dörfer hervor aus dem Kreis, einen kostbaren Pelz in der Hand, der wohl in London mit Gold aufgewogen werden würde. Er wog ihn in der Hand, umgeben von den Mitgliedern seines Stammes, die ihn mit Stolz betrachteten. Dann warf er ihn in hohem Bogen in die Flammen; zischend versengte das kostbare Gut. Ärger regte sich

Moderne Totemmasken im Stanley Park, Vancouver

in Quint über die Vergeudung und wuchs im Laufe der Feier zu kaum unterdrückter Wut an, denn eines ums andere verschwanden goldene Ringe und Geschmeide der Frauen, Schnitzwerk und geflochtene Schuhe, bunte Weidenkörbe und Musikinstrumente, nachdem sie von ihren Opferern den Umstehenden stolz vor Augen geführt worden waren, im brausenden Feuer. Bisweilen trieb ein köstlicher Duft über den Platz, wenn ein wertvolles Öl hineingegossen wurde. Auch reckte sich manche Hand, um eine im Handel erworbene Münze in den prasselnden Haufen zu werfen. Welch ein sinnloses Tun! Die Glut verprasste Wert um Wert bis in den späten Abend – für wen? Körperlose Götzen, Hirngespinste! Es war unerhört, dass dieser Brauch unter britischer Herrschaft bislang geduldet worden war. Er würde dem ein Ende zu setzen wissen.

Mit steinernem Gesicht erwiderte er den Gruß der Wilden, die nach vollzogenem Brauch ihren Hütten zustrebten. Noch am nächsten Vormittag würde ein Bote an vorgesetzte Stelle mit dem Bericht über das abwegige Treiben abgehen. Der Gedanke an den geschmolzenen Schmuck und die Münzen, die in der Asche des Scheiterhaufens ruhten, ging ihm nicht aus dem Kopf; unruhig wälzte er sich in den folgenden Nächten auf seinem Lager.

Bereits im November kam die hochoffizielle Anordnung, der Verschwendung mit allen gebotenen Mitteln Einhalt zu gebieten. Quint kündigte dem Oberhaupt der Wilden seinen Besuch an. Hoch zu Ross ritt er vor das Versammlungshaus und überreichte dem Dolmetscher den Bescheid der Behörde, damit er ihn öffentlich vorlese.

Die Führer der Wilden hörten den Bescheid mit wachsendem Erstaunen. Dann verschlossen sich ihre Mienen. Sie verschränkten die Arme über der Brust und standen schweigend. ‹Frag sie, ob sie verstanden haben!› Die Wilden nickten, aber sahen den Colonel fragend an. Der Älteste machte eine kurze Bemerkung. ‹Er meint, das Fest sei für sie sehr wichtig.› Nun war es an

Quint, verwundert zu sein. ‹Und warum?›, fragte er. ‹Es macht uns frei!› Quint spürte denselben Ärger wie am Abend der Brandfeier. ‹Frei wovon?›, hieß er den Dolmetscher fragen. ‹Wir fühlen uns frei.› Was war das für eine Antwort? Frei wovon, von wem? Was für ein Volk! ‹Sag ihnen, es war das letzte Mal. Im Namen des Königs. Und dass sie sich hüten, es anders zu halten!›

Der Winter ging vorbei. Im Frühjahr gerbten die Männer ihre Felle, die jungen Weidentriebe wurden geschnitten und zu Körben verarbeitet. Die Waben der wilden Bienen wurden geleert. Es war ein ruhiges Jahr. Der September nahte heran. Mit wachsender Spannung ritt Quint alltäglich um den Ort der Brandfeier. Eines Morgens dann sah er eine Beuge Reisig im offenen Feld, am nächsten Tag lagen darum große Äste, Vorbereitungen auf das nächste Fest. Also doch!

Spornstreichs ging er erneut zum Ratsplatz der Wilden. ‹Ich warne euch!›, ließ Quint den Dolmetscher verlauten. ‹Dies ist eine Auflehnung gegen ein königliches Gebot und wird unnachsichtig geahndet werden.› Die Antwort war ein Schweigen, das eine deutliche Antwort zu sprechen schien. Ins Lager zurückgekehrt, ließ Quint die Truppe in Alarmbereitschaft versetzen.

Und dann am Abend loderte die Flamme vor dem Wald in den Himmel. Gellend riefen die Trompeten zu den Pferden. Die Kompanien setzten sich in Bewegung. Der Befehl war kurz und klar: Das Dorf war dem Erdboden gleichzumachen.

Es war keine lange Schlacht, die dem Fest ein jähes Ende setzte. Die Lanzen hatten bald die Tanzenden und Spielenden auseinander getrieben, manche Wilden waren auch, da sie Widerstand leisteten, getötet worden. Die aus Holz gebauten Hütten waren rasch in Brand gesetzt. Kaum eine halbe Stunde nach dem Anritt war alles nur noch ein rauchendes Feld. Colonel Quint ritt über den Brandplatz. Eine Erschlagene lag im Abenddämmer. Ihre Augen widerspiegelten die Unschuld des Himmels. Er bückte sich und nahm ihr das goldene Geschmeide vom Hals. Wenigstens das habe ich gerettet, murmelte er.

Die Soldaten sammelten sich vor den Hauptleuten zur Rückkehr ins Lager. Da beugte sich deren einer zu ihm herüber und raunte ihm zu: ‹Hauptmann, hattet Ihr nicht gesagt, der Befehl des Königs diene dazu, der Zerstörungswut der Wilden Einhalt zu gebieten?› – ‹Ganz recht, und diesen Befehl haben wir ausgeführt.› – ‹Aber war das nicht eine ebenso große Zerstörung?› – ‹Diese Zerstörung›, antwortete Quint barsch, ‹hatte einen Zweck.›

Das Okanagan-Tal

Die Zugfahrt von Jasper (Alberta) nach Kamloops im Okanagan-Tal im Süden Britisch-Kolumbiens führt den Rockies entlang an türkisfarbenen Flüssen und hier und dort durch Ortschaften aus Holzhütten, durch eine herrschaftliche Natur, für die der Westen so sehr bekannt ist. Nach ein paar Stunden Fahrt weitet sich das Tal zur sanfteren Landschaft der Okanagan-Region. Der Name der Hauptstadt Kamloops bedeutet in der Sprache der Shuswap-Indianer «Zusammenfluss von Gewässern», denn hier treffen der nördliche und der südliche Arm des Thompson-Flusses zusammen. Im Spätsommer, wenn die Temperaturen um die 30 °C schwanken, duftet die Luft nach reifen Äpfeln, Pfirsichen und Weintrauben, viele von ihnen biologisch angebaut. Ein goldener und friedvoller Hauch liegt über den Obstplantagen; es ist kaum zu glauben, dass diese Kulturlandschaft erst hundert Jahre alt ist. Fast ein Drittel aller in Kanada erzeugten Äpfel stammen aus diesem Tal. Auch etliche von Kanadas besten Weinen werden hier gekeltert, Weine, die auf internationalen Weinmessen mit zahlreichen Medaillen ausgezeichnet wurden.

Rechte Seite ***Am Bear Glacier bei der Stewart–Hyder Road***

Vorhergehende Doppelseite ***Spitze Gipfel im Glacier National Park der Rocky Mountains (links oben)***
Im nahezu unberührten Garibaldi Provincial Park mit bis fast 3000 Meter hohen Gipfeln (links unten)
Am Squamish River (rechts oben)
Spiegelung im Floe Lake, Kootenay National Park (rechts unten)

Yukon

Oben *Tanz im legendären Diamond Tooth Gestie's Saloon in Dawson*

Links *Nordische Stille am Tagish Lake mit der Bove Island*

Ausgangspunkt einer Reise durch den Yukon ist Whitehorse, so genannt wegen der Stromschnellen im Yukon River, die wie ein Ritt auf einem galoppierenden Pferd empfunden wurden, wenn man sie mit dem Kanu befuhr, was nicht zu empfehlen ist.

Whitehorse, hinter zweien der Haupthindernisse des Flusses, dem Miles Canyon und den besagten Stromschnellen gelegen, war die Endstation des Schiffsverkehrs und damit eine wichtige Etappe für die Goldsucher, die gegen Ende des 19. Jahrhunderts nach Dawson City strömten.Während des Zweiten Weltkriegs spielte Whitehorse eine wichtige Rolle als Verbindungsglied zwischen Alaska und dem Kernland der USA. Der Alaska-Highway wurde gebaut und nach dem Krieg für die Öffentlichkeit freigegeben. Er ersetzte den Yukon als Haupttransportweg. Im Jahre 1953 wurde Whitehorse zur neuen Hauptstadt des Territoriums erhoben.

Sehenswürdigkeiten der Stadt sind die *SS Klondike*, einer der größten Schaufelraddampfer auf dem Yukon, der restauriert und als Museum eingerichtet wurde, und die im Jahre 1900 erbaute Old Log Church, die einzige Holzkathedrale der Welt. Legendär wurde der damals amtierende anglikanische Bischof Isaac Stringer, der eigentlich weniger amtierte, sondern sich meistens auf abenteuerlichen Trecks durch die Schneewüste befand. Bekannt wurde er als «der Bischof, der seine Stiefel aß». Diesen Ruf teilt er sich im Übrigen mit anderen Nordlandforschern wie etwa dem Briten John Franklin, der versuchte, die Nordwestpassage durch das Packeis im Polarmeer zu finden. Nach Aufbrauchen sämtlicher Lebensmittel wurden schließlich die ledernen Mokassins gekocht und gegessen – eine Notration, auf die bei modernen Kunststoffausrüstungen nicht zurückgegriffen werden kann. Mit welchem Schuhwerk die Reise damals fortgesetzt wurde, hat der Chronist nicht verzeichnet.

Auch heute noch gelten Reisen durch das Yukon Territory als Abenteuer, und man tut gut daran, sich einem erfahrenen Führer anzuvertrauen, wenn man sich «ins Gelände» begibt. Aber auch die Fahrt auf dem Klondike Highway ist schon Erlebnis genug. Nach etwas über fünfhundert Kilometern durch Landschaft pur gelangt man nach Dawson City, ebenfalls am Yukon River gelegen, an der Mündung des Klondike River, gerade mal 240 Kilometer südlich des nördlichen Polarkreises. Einst als das «Paris des Nordens» bekannt, als Goldsucher aus der ganzen Welt in die Gold-

Rechts ***Schaufelraddampfer auf dem Yukon bei Whitehorse***

Folgende Doppelseite ***Blick auf die Hauptstadt Whitehorse (links oben)***
Dempster Highway in den Ogilvie Mountains (links unten)
Tombstone Mountains (rechts oben)
Dawson, ein Symbol des mörderischen Goldrausches um die Wende zum 20. Jahrhundert. Blick auf Stadt und Yukon (rechts unten)

felder strömten, um ihr Glück zu finden, war Dawson City für einen kurzen Zeitraum Ende des 19. Jahrhunderts die größte Stadt westlich von Winnipeg und nördlich von Seattle.

Noch heute ist Dawson City eine der interessantesten Städte im Yukon Territory, mit vielen restaurierten Gebäuden aus der Zeit des Goldrauschs und interessanten Veranstaltungen. Besucher können nach Gold suchen, wie es vor rund hundert Jahren Tausende Goldsucher vor ihnen taten. Fans von Jack London können die Blockhütte des später weltberühmten Verfassers von *Ruf der Wildnis* besichtigen, der im 1897/98 im Yukon lebte und schürfte. Viele der Animiermädchen in den berüchtigten Spielhöllen von Dawson dürften seine Gesellschaft allerdings nicht gesucht haben, denn der von ihm abgesteckte Claim erbrachte nur wertloses Katzengold (mica) – und eine vergütete journalistisch-schriftstellerische Tätigkeit vor Ort ist wohl eher ein Gerücht in einer vielfach widersprüchlichen Biografie.

Ein anderer Autor, der das Leben im Yukon verewigt hat, ist der kanadische Bankangestellte Robert W. Service. Er schrieb die berühmte Ballade *The Cremation of Sam McGee*, die zum Standardrepertoire kanadischer Folksänger gehört, aber auch andere, nachdenklichere Gedichte, mit denen er seinen Empfindungen angesichts der Welt des Nordens Ausdruck gab.

Der Zauber des Yukon

Ich wollte das Gold und ich kriegt' es;
Ich schürfte im Dreck wie ein Hund.
Skorbut und Hunger, wen biegt es;
Meine Jugend verscharrt' ich im Grund.
Ich wollte das Gold und ich kriegt' es
Hatt' im Herbst die Taschen prallvoll.
Und da hab' ich das Geld und da liegt es.
Doch das Leben ist nicht, wie es soll.
Aber da ist das Land. Hast du's je geseh'n?
Es ist das verdammteste Land, das ich kenn.
Ringsum das Gebirg zerdrückt dich zum Wicht.
Aus den Tälern starrt dir der Tod ins Gesicht.
Manch einer sagt, Gott war müd', als er's schuf;
Manch einer: Hör nicht auf des Landes Ruf;
Kann sein – aber and're, um keinen Lohn,
Verließen dies' Land; ich bin einer davon.

(Robert W. Service)

Linke Seite und oben *Bäume und Gletscher (Kaskawulsh) im Kluane National Park*

Rechts oben *Über den White Pass mit der Yukon Railway*

Mitte rechts *Historische Hausfassaden in der Goldgräberstadt Dawson*

Rechts unten *Jack Londons Blockhütte in Dawson*

Nordwest-Territorien

Oben *Moschusochse (musk ox, Ovibos moschatus), eine Species, die kurz vor der Ausrottung stand, heute aber ihren Bestand wieder leicht vermehren kann*

Links *Lady Evelyn Falls*

Gold stand auch Pate bei der Gründung von Yellowknife, Hauptstadt der Northwest Territories (NWT); der Name stammt allerdings vom indianischen Begriff für Kupfermesser. Eigentlich müsste die Stadt auch ein Vogel- oder überhaupt ein Tierparlament haben, denn auf dem Gebiet dieser mit 1,3 Millionen Quadratkilometern zweitgrößten Verwaltungseinheit Kanadas leben außer den 40 000 Einwohnern – die Hälfte davon in Yellowknife – unzählige Tierarten; in den Sommermonaten Juli und August halten sich über ein Zehntel aller geflügelten Touristen in den Bereichen nördlich der Baumgrenze auf. Hier gibt es keine Bodenraubtiere, die der ausschlüpfenden Brut ein Leid antun könnten. Unterhalb der Baumgrenze tritt die kanadische Bilderbuchfauna auf mit ihren Bibern, Bisamratten, Silberfüchsen, Grizzlybären, Moschusochsen, Karibus und Rotwild. Wo allerdings Kupfer gefunden wurde, gab es natürlich auch andere Bodenschätze wie Gold, Silber, Uran, Zink, Blei, Wolfram und Eisenerz.

Und die kann man ja nicht einfach im Boden verkommen lassen; der Bergbau trägt in den Nordwest-Territorien heute immerhin über 25 Prozent zum Bruttosozialprodukt bei. Allerdings sorgt das wachsende Umweltbewusstsein in Kanada dafür, dass dem Raubbau der Vergangenheit ein Riegel vorgeschoben wurde. Umweltsorgen bereitet vor allem die Ausbeutung der Erdölfelder in der Beaufortsee im Norden der NWT und die Pipeline im Mackenzietal, in dessen Schutz sich eine einzigartige Pflanzen- und Tierwelt bis weit in den sonst unwirtlichen Norden vorwagt. So sind auch alle erdenklichen Vorsichtsmaßnahmen getroffen worden, um die durch dieses Tal verlaufende Pipeline zu sichern.

Erforscht wurden die heutigen NWT im 18. Jahrhundert durch die Hudson's Bay Company und ihre Konkurrentin, die North West Company. Samuel Hearne von der Hudson's Bay Company reiste 1770 und 1771 über Land von Fort Churchill an der Hudson's Bay bis zur Mündung des Coppermine River am Nordpolarmeer. Ein schottischer Entdecker, Sir Alexander Mackenzie, paddelte dann 1789 als erster Europäer den Fluss, der heute seinen Namen trägt, bis zum Nordpolarmeer hinunter.

Ein Archipel von unzähligen Inseln erstreckt sich bis an den Nordpol. Manche von ihnen scheinen von weitem ohne erkennbares Leben zu sein; nur in den Ritzen der Felsen wachsen winzige Wiesen mit Blumen, die im Betrachter mit ihrer Zartheit Andacht erwecken. Auf Melville Island weit draußen im Nordpolarmeer ernähren sich davon die Moschusochsen; auch hier erfasst einen die Ehrfurcht vor dem Wesen des Lebens, das sich in dieser Umwelt behauptet. In dieser während des größten

Fuchs und Kanada-Kranich (sandhill crane, Grus canadensis) im subarktischen Wood Buffalo National Park

Teils des Jahres von Packeis versperrten Inselwelt suchten viele Entdecker zwischen 1800 und 1859 nach der Nordwestpassage. Der Brite Sir John Franklin – der «Mann, der seine Stiefel aß» – erkundete über 3200 Kilometer der Nordpolarmeerküste, bis er 1845 samt seiner Mannschaft plötzlich spurlos verschwand. Die Überreste seiner Expedition wurden erst 1859 gefunden.

Das Ende der Welt

Die Nordwest-Territorien, und besonders die Eiswelt des hohen Nordens, ist jener Teil der Erde, wo die greifbare Welt und ihr Orientierungsnetz in einen Raum übergeht, in dem man beginnt, daran zu zweifeln, ob die Vorstellung einer runden Erde nicht eben nur das ist – Vorstellung. Denn diese Welt erscheint wie eine Brücke in eine neue Dimension, die nur noch aus Laut und Licht besteht. Der vertraute Wechsel der Jahreszeiten hört auf, die Namen auf der Landkarte oder die Bezeichnung von Zeitaltern sind ohne jeden Bezug zur Realität der Erfahrung. Das Kajak gleitet durch eine Welt, die seit Urzeiten in ihrem Anfang lebt. Eigentlich ist eigene Bewegung nicht nötig, denn Auge und Geist wandern unermüdlich mit den Scharen der Seevögel, die zu Tausenden die Luft erfüllen. Ein Seehund kommt bis an den Rand des Kajaks; für ihn ist man der erste Mensch, der in dieser Schöpfung auftaucht.

Oben und rechts oben *Alexandra Falls*

Rechts Mitte *Sambah Deh Falls*

Rechts unten *Entenjagd bei Paulatuk (am Amundsengolf)*

Die Arktis ist dennoch keine Traumwelt, in der man sich naturselig dem Wohlwollen des Kosmos überlassen darf. Träumen kann hier tödlich sein. Wehe dem, der sich zu nahe an die Küste gewagt hat, wenn von den riesigen Gletschern ein Stück donnernd in das Meer abrutscht und eine meterhohe Flutwelle auslöst. Und wer glaubt, dass man sich auf einem Eisfloß ausruhen kann, wird unversehens eines Besseren belehrt, wenn nachts plötzlich ein Riss durch das Eis läuft und das Biwak zertrennt. Dennoch: Wer einmal den Norden erlebt hat, weiß, was die Essenz von Erinnerung ist. Anwesenheit in einer Zeit, die jenseits aller denkbaren Zeit ist, Ursprungszeit. Spricht man davon mit den Stammesältesten, so nickt einem bedächtiges Mitempfinden entgegen. Allerdings trifft das nicht unbedingt auf die Jüngeren zu, für die der Blick in die laute, schillernde Welt des Südens verlockenden Vorrang hat. Es ist womöglich das Vorrecht der ganz Alten und der ganz Neuen in dieser Landschaft, dass sie den «Geist über den Wassern» spüren können. Verantwortung empfinden, ohne Feindschaft gegenüber denen, die sich der wirtschaftlichen Entwicklung der Welt hingeben, die Gegenwart des Göttlichen in der Materie spüren, den Ort rein halten, auf dem es seinen Fuß auf die Erde setzt – das ist die Gegengabe aller, welche die Arktis aufsuchen.

Marion Tu'utluq

Die Pelztierjagd, die noch von manchen Indianern gepflegt wird, ist rückläufig. Eine Eingliederung in moderne Industrieprozesse ist aus kulturellen Gründen nicht ohne Weiteres möglich, so dass viele in der Industrie Arbeitende von auswärts kommen. Viele Inuit leben indessen vom traditionellen Kunsthandwerk, zum Beispiel der Specksteinschnitzerei.

Eine der wohl bekanntesten Vertreterinnen der einheimischen Kunst ist die Teppichweberin Marion Tu'utluq. Ihre Wandteppiche geben einen Einblick in die mythologische Urwelt dieser nördlichen Kultur, sind aber zugleich auch ein Ausdruck des oft gravierenden sozialen Umbruchs, mit dem die Menschen in diesem Land fertig werden mussten und der oft eine erheblich größere Belastung darstellte als das unwirtliche Klima. Faszinierend sind manche fast wie Grafiken wirkenden Teppiche, die in ihrem Aufbau dem naturwissenschaftlichen Lehrmaterial von klassischen Universitäten ähneln, mit dem das Grundkonzept der modernen vereinheitlichten Feldtheorien veranschaulicht wird.

Es ist in diesem Zusammenhang interessant, festzustellen, dass etwa indianische Schöpfungslegenden, denen zufolge die Welt dadurch entstand, dass ein Rabe eine Muschel oder ein Nuss aufknackte, bei aller «Naivität» nichts anderes sind als die symbolische Widergabe des Symmetriebruchs in der modernen westlichen Kosmogonie. Auch ein August Friedrich von Kekulé sah ja schließlich keinen Benzolring, sondern lediglich eine Urform, die er dann als solchen interpretierte. Für denjenigen, der sich einmal ganz weit aus dem Fenster seiner eigenen Weltanschauung hinauslehnen will und bereit ist, Andersartigkeit als Anregung zum Infragestellen lieb gewordener Vorstellungen anzusehen – ob in Politik, Wissenschaft und anderswo –, wird die Reise in die NWT ein ganz besonderes Erlebnis sein.

Oben und vorhergehende Doppelseite *Tundra Esker am Whitefish Lake in den arktischen Barrenlands*

Links *Mündungsdelta des gut 1700 Kilometer langen Mackenzie River an der Beaufortsee (Nordpolarmeer)*

Linke Seite *In der Mitternachtssonne wirkt der Prelude Lake – der Name sagt es – wie ein musikalisches Vorspiel (am Ingraham Trail nahe Yellow Knife)*

Nunavut

Oben *Stolz zeigt das Inuitmädchen den im Padlee Lake, Baffin Island, gefangenen kapitalen Lachs*

Links *Inuitdorf Grise Fjord auf Ellesmeere Island, die mit fast 213 000 Quadratkilometern größer ist als England und Schottland zusammen*

Am 1. April 1999 wurde, von der Weltöffentlichkeit weitgehend unbeachtet, ein neuer kanadischer Gliedstaat aus der Taufe gehoben: das Territorium Nunavut, dreizehntes Mitglied in der Konföderation kanadischer Provinzen und Territorien, Heimat von rund 30 000 Inuit und einer Handvoll Zuwanderer. Die Hauptstadt von Nunavut, Iqualuit (früher Frobisher Bay), liegt auf dem 66. Breitengrad, also auf gleicher Höhe wie Nordschweden. Der Sommer definiert sich in diesen Breiten als Jahreszeit, die sich nicht zum Schlitten- und Skifahren eignet. Zieht der Schnee seinen Mantel von der baumlosen Tundra, so bedeckt sich diese bald mit einem Blumenteppich wie aus einem Bilderbuch. Nicht nur von der Natur her ist dieses Territorium etwas Besonderes. Auch seine politische Organisation ist anders: Es gibt dort keine politischen Parteien, die Mitglieder der Legislative sind unabhängige Volksvertreter, die ihrerseits aus ihrer Mitte den Premierminister und das Kabinett durch Abstimmung wählen.

Oben und links oben *Ellesmeere Island, Kanadas nördlichste Insel und die größte der Königin-Elisabeth-Inseln: Packeis im Jones Sound*
Links unten *Specksteinplastiker Mossa Akavak auf der Baffin Island*

Auch heute leben in Nunavut noch Menschen von Jagd und Fischfang, doch dienen diese traditionellen Berufe immer mehr als Dienstleistungen für Sportjäger und -angler. Der Individualtourismus füllt hier eine Lücke, welche die veränderten Lebensbedingungen in das soziale Netz gerissen haben. Von ihm erhofft man sich die notwendigen Anregungen, um mit den drei Hauptproblemen des Landes fertig zu werden: der Arbeitslosigkeit (rund 30 Prozent) und dem damit zum großen Teil zusammenhängenden Alkohol- und Drogenmissbrauch. 35 Prozent der Bewohner verlassen zumindest gelegentlich mit dem Armeleutehalluzinogen, dem Einatmen von Lösungs- und Klebemitteln, einen sinnentleerten und ziellosen Alltag. Die hohe Selbstmordrate – sie beträgt das Sechsfache des kanadischen Durchschnitts, teilt sich Nunavut mit anderen Ureinwohnergruppen; es sind vor allem gerade Kinder und Jugendliche, die diesen Ausweg suchen.

Probleme in der kalten Einsamkeit

Sporadische Hilfsprogramme westlich-psychologischer Art haben so gut wie keine Besserung gebracht; es ist erst dem in jüngster Zeit wieder auflebenden

Selbstbewusstsein dieser Bevölkerungsgruppen zu verdanken, dass altbewährte Heilverfahren wie die «Schwitzhütte» wieder Anwendung finden. Dabei wird nach einer körperlichen wie rituell-seelischen Reinigung im Heilgespräch archetypisches Wissen belebt, so dass sich der an Vereinsamung und Sinnentleertheit Leidende wieder als in den Gesamtzusammenhang der Welt eingefügt empfindet. Zu diesem Wiederaufleben trägt nicht zuletzt die Wertschätzung bei, der sich derartige Rehabilitationsverfahren auch bei Nicht-Ureinwohnern erfreuen. Überhaupt hat sich im Bewusstsein der Menschen sowohl in der Arktis als auch in Südkanada im vergangenen Jahrzehnt vieles verändert. Man nimmt sich mehr und mehr als Teil einer sich ergänzenden Einheit wahr. Kunst, Tanz und Film sind die Medien dieser Annäherung, von Inuit-Regisseuren in der Eiswelt des Nordens gedrehte Filme wie Atanarjuat, der Läufer, um nur einen der mittlerweile international bekannten zu nennen, sind in ganz Kanada Kassenschlager geworden.

Ein wichtiger wirtschaftlicher Faktor im Leben von Nunavut ist das Kunstgewerbe; wie auch in den NWT gehören Stickereien und Figuren aus Speckstein zu den wichtigsten Exportartikeln, die der Tourist vor Ort erstehen oder zu stolzen Preisen in den exklusiven Kunstgewerbeläden der nordamerikanischen Städte erstehen kann. Wer eine Kunstarbeit aus Nunavut mitnimmt, hat die Garantie, Besitzer eines Unikats zu sein.

Kanada ganz weit oben: Szenen aus dem Ureinwohneralltag im Norden der arktischen Baffin-Insel

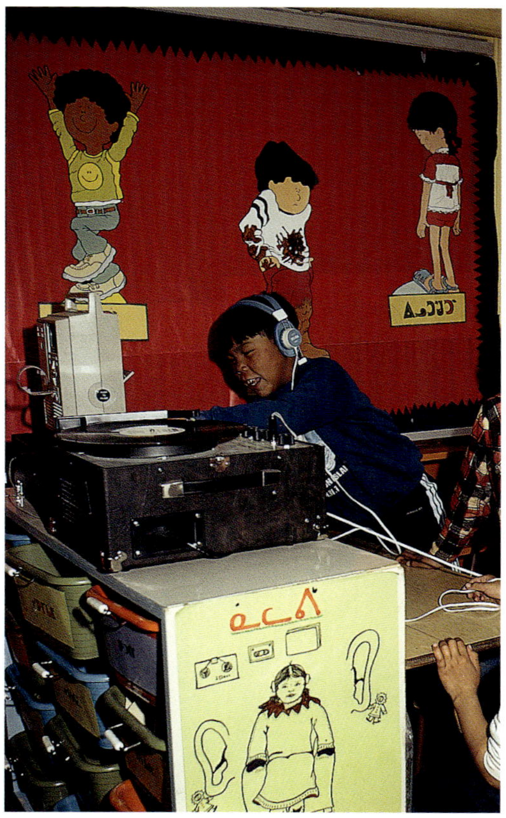

Totempfähle in Gitanyow (Kitseguelcla, Britisch Kolumbien)

Mailbox auf der Prinz-Edward-Insel

Wer einen Reisebildband aufschlägt, erwartet textlich untermalte Bild-Unterhaltung; erwartet die Darstellung der Schokoladenseite eines Landes. Wenn ich dieser Erwartung nicht in allen Punkten entgegengekommen bin, so nicht etwa aus dem Grund, unbedingt von bestehenden Normen abzuweichen, sondern weil ich zutiefst empfinde, dass Kanada sich nicht nur in den Außenbereichen einer Landkarte der Welt befindet. So wie bestimmte Hirnbereiche oder Organe des menschlichen Körpers eine Funktion haben, die sich ganzheitlich in einem Organismus auswirkt, hat auch jedes Land dieser Erde seine Funktion im Weltganzen. Deshalb ist es wichtig, dass gerade der Westeuropäer versteht, wie sehr auch sein eigenes Wohlergehen von der Gesundheit Kanadas abhängt.

Wenn er als Tourist, Verbraucher von Waren oder einfach nur als Freund sein fortgeschrittenes ökologisches Bewusstsein auf die Waagschale seiner Entscheidungen legt, wird er einen entscheidenden Einfluss darauf haben, dass jene Kräfte in Kanada zum Zug kommen, die einen verantwortungsvolleren Umgang mit der Natur und ihren Ressourcen befürworten. Entscheidungen wie die Novellierung des Postgesetzes in Deutschland auf der Grundlage der antiquierten Ideologie, dass mehr Werbesendungen und mehr Zustellerfahrzeuge auf den ohnehin vollen Straßen über die abstrakte Größe Bruttosozialprodukt zu erhöhter Lebensqualität beitragen würden, haben auch in Kanada Auswirkungen, denn das Papier für alle diese Werbeflyer und -Prospekte muss ja von irgendwoher kommen. Und Papier

Gedanken für den Rückflug nach Europa

kostet nun einmal realen Lebensraum. Globalisierung hat das Potenzial zur Auswahl des Besseren.

Es bedarf manchmal des freundlichen Zuredens auch eines transatlantischen Nachbarn, um nicht wieder in das alte Paradigma des lediglich Größeren zurückzufallen – größere Staudämme, größere Lachsfarmen, größere Geländewagen, Superhamburger, Großkliniken, Megagefängnisse –, mit welchem dem politisch unbedarften Bürger Wachstum und Sicherheit vorgegaukelt werden. Zitieren wir noch einmal, mit einigen kleinen Änderungen, das Urteil des neufundländischen Gerichtshofs (vgl. Unterkapitel «Zankapfel Wasser»): «In sehr unmittelbarem Sinne geben auch die Ureinwohner und anderen umweltbewussten Bürger Kanadas die Interessen ihrer Mitbürger in der ganzen Welt insofern wieder, als das Umwelterbe ein Gemeingut ist, das für alle Weltbürger schützenswert ist, wo auch immer sie wohnen mögen. […] Schließlich führt die vorbehaltlose Entwicklung ohne Einbeziehung von Umwelterwägungen zu schwerwiegenden Problemen, von denen kommende Generationen aus allen Teilen der Welt in Mitleidenschaft gezogen werden.»

So wie die Flagge auf dem Parlamentshügel in Ottawa ist Kanada selbst nicht nur ein Land, sondern auch ein Symbol. Ich hoffe, dass es mir gelungen ist, es so zu beschreiben, dass ihm daraus Zuneigung und kritisches Wohlwollen erwachsen und der Wunsch, es im Sinne eines gesunden «kosmischen Egoismus'» bewahren zu helfen.

M. L., Ottawa

Beaufortsee
Brooks Range
Yukon
Porcupine
Melville Island
Cornwallis Island
Devon Island
Resolute
Banks Island
Viscount Melville Sound
M'clintock Channel
Sommerset Island
Prince of Wales Island
Arctic Bay
Pond
Amundsen Gulf
Victoria Island
Paulatuk
Camebridge Bay
Boothia Peninsula
Gulf of Boothia
King William Island
Pelly Bay
Melville Peninsula
Coppermine
Great Bear Lake
YUKON TERRITORY
Dawson
Klondike
Mackenzie Mountains
Norman Wells
Fort Norman
Mackenzie
NUNAVUT
Barren Grounds
Aberdeen Lake
NORTHWEST TERRITORIES
Kluane Nat. Park
6050 Mt. Logan
Pelly
2762
Nahanni Nat. Park
Whitehorse
Baker Lake
Ott's
Southampton Island
Coral
Chesterfield Inlet
Dubawnt Lake
Fort Simpson
Yellowknife
Great Slave Lake
Skagway
Juneau
Coast Mountains
Liard
Fort Liard
CANADA
Hay River
Fort Resolution
Alexandra Falls
Fort Smith
Slave
Hay
Wood Buffalo National Park
1038 Caribou Mts.
BRITISH COLUMBIA
Fort Nelson
Nueltin Lake
Hudson
Churchill
Lake Athabasca
Wollaston Lake
Cree Lake
Ksan Village
Hazelton
Rocky Mountains
Peace
Fort St. John
ALBERTA
Fort McMurray
Reindeer Lake
Wapusk National Park
Churchill
Lynn Lake
Massett
Prince Rupert
Queen Charlotte Islands
Dawson Creek
Peace River
Prince George
Grande Prairie
SASKATCHEWAN
Thompson
Nelson
MANITOBA
Fort Severn
Severn
South Moresby National Park
Barkerville
Jasper National Park
Edmonton
La Ronge
Flin Flon
Prince Albert Nat. Park
N. Saskatchewan
Elk Island National Park
Prince Albert
Fraser
3533
4042 Mount Waddington
Jasper
Athabska Falls
Mt. Columbia 3747
ONT
Vancouver Island
Yoho Nat. Park
Kamloops
Lake Louise
Banff Nat. Park
North Battleford
Lake Winnipeg
Hells Gate Canyon
Banff
Calgary
Saskatoon
Lake Winnipegosis
Vancouver
Mt. Revelstoke & Glacier Nat. Park
Kootenay Nat. Park
Dinosaur Prov. Park
Yorkton
Riding Mountain National Park
Pacific Rim National Park
Kelowna
New Westminster
Medicine Hat
Swift Current
Lake Manitoba
Victoria
Cranbrook
Lethbridge
S. Saskatchewan
Regina
Winnipeg
Brandon
Portage la Prairie
Seattle
Waterton Lakes National Park
Graslands National Park
Fort Frances
Kakabeka Falls
Pazifischer Ozean
Columbia
U.S.A.
Minneapolis
St. Paul
Snake
Missouri
Mississipi
Great Salt Lake

Bay
GRÖNLAND
Nördlicher Polarkreis
Davisstraße
Island
Kekertuk
Nuuk/ Godthåb
Nettilling Lake
Amadjuak Lake
Iqualuit
sin
Hudsonstraße
Labradorsee
sland
Péninsule D'ungava
Nain
Labrador
NEWFOUNDLAND
Smallwood Reservoir
Goose Bay
cher Islands
L'Anse aux Meadows
Northern Penisula
Newfoundland
The Arches
Gander
Cape Bonavista
Gros Morne Nat. Park
Woody Pt.
Terra Nova Nat. Park
St John's
Stephenville
La Grande Rivière
James's Bay
Fort George
Akimiski Island
QUEBEC
Mt. de Babel 948
Sept-Îles
Île d'Anticosti
O
Fort Albany
Moosonee
Mistassini
Péribonca
Chibougamau
Riv. Saguenay
Gaspé
Gulf of St. Lawrence
Gaspé-Peninsula
St.-Pierre und Miquelon (FR.)
Cape Breton Highlands Nat. Park
Rimouski
Shippagan
PRINCE EDWARD ISLAND
Cheticamp
Cape Breton Island
Glace Bay
Sydney
Chicoutimi
Lac Saint-Jean
Jonguie
Val Jalbert
Tadoussac
Clermont
NEW BRUNSWICK
Kouchibouguac N. P.
Charlottetown
NOVA SCOTIA
Moncton
Fredericton
Fundy Nat. Park
Dartmouth
Halifax
Quebec
La Mauricie National Park
Trois-Rivières
Saint John
Peggy's Cove
Kirkland Lake
Drummondville
Digby
Kejimkujik Nat. Park
Lunenburg
Yarmouth
Papineau National Park
Montreal
Sherbrooke
Sault Ste. Marie
North Bay
Sudbury
Georgian Bay
Ottawa
Manitoulin I.
Lake Huron
Bruce Pen. Nat. Park
Toronto
Oshawa
Lake Ontario
Boston
Kitchener
Hamilton
Niagara Falls
Buffalo
London
Lake Michigan
Lake Erie
Detroit
Cleveland
Philadelphia
New York
Atlantischer Ozean
0 200 400 600 800 1000 km
Ellesmere Island
Grönland
Sverdrup Islands
Prince Patrick Island
Queen Elizabeth Islands
Grise Fjord
Parry Islands
Melville Island
Cornwallis Island
Devon Island
Resolute
Banks Island
Viscount Melville Sound
Sommerset Island
Arctic Bay
M'Clintock Channel
Victoria Island

ca. 40000 v. Chr.	In der Wisconsin-Eiszeit ist die Beringstraße zwischen Sibirien und Alaska trocken, so dass zum ersten Mal Menschen in Amerika einwandern. In der folgenden Wärmeperiode wird die Landverbindung unterbrochen und erst wieder …
ca. 25000 v. Chr.	… durch eine weitere Eiszeit neu gebildet, was die zweite Einwanderungswelle ermöglicht
ca. 6000 v.Chr.	Mit der dritten und letzten prähistorischen Einwanderungswelle kommen die Inuit ins arktische Nordamerika und besiedeln die Küsten
14./15. Jh.	Die Algonkin breiten sich nach Osten bis zur Atlantikküste aus
1497	Giovanni Caboto entdeckt die Ostküste Nordamerikas
1534/35/41	Jacques Cartier beansprucht das Land am St.-Lorenz-Golf für die französische Krone
1583	Sir Humphrey Gilbert beansprucht Neufundland für die englische Krone
1605	Port Royal (Annapolis in Neuschottland) gegründet
1608	Samuel de Champlain gründet Québec
1642	Montreal gegründet
1663	Die französische Krone übernimmt die Verwaltung Neufrankreichs
1670	Die Hudsonbai-Gesellschaft wird gegründet
1713	Friede von Utrecht. Frankreich tritt seine Rechte im Gebiet der Hudsonbai-Gesellschaft, in Akadien und Neufundland an Großbritannien ab
1743	Louis-Joseph de la Vérendrye entdeckt die Rocky Mountains
1749	Halifax gegründet
1759	Engländer erobern im Siebenjährigen Krieg Québec
1763	Friede von Paris. Frankreich tritt seinen nordamerikanischen Besitz an Großbritannien ab
1769	Ile St. Jean (Prinz-Eduard-Insel) unter separater Verwaltung
1774	Der Québec Act regelt die Verwaltung des ehemaligen französischen Gebiets in Nordamerika
1784	Abtrennung Neubraunschweigs von Neuschottland
1791	Der Constitutional Act löst den Québec Act ab. Teilung Kanadas in Lower Canada (Québec) vorwiegend französisch und Upper Canada (Ontario) vorwiegend englisch
1793	Alexander Mackenzie überquert die Rocky Mountains und erreicht den Pazifik
1811	Lord Selkirk gründet die Red-River-Siedlung (Winnipeg)
1812–14	Krieg zwischen Großbritannien und den USA. Gescheiterter Eroberungsversuch Kanadas durch die US-Amerikaner
1837	Rebellion in Lower und Upper Canada
1841	Act of Union: Lower und Upper Canada vereinigt zur Province of Canada
1858	Britisch-Kolumbien wird britische Kolonie
1867	British North America Act: Kanada, Neuschottland und Neubraunschweig zum Dominion Kanada vereinigt
1869	Erster Mestizenaufstand unter Louis Riel
1870	Provinz Manitoba gebildet
1871	Britisch-Kolumbien tritt dem Dominion bei
1873	Die Prinz-Eduard-Insel tritt dem Dominion bei
1885	Zweiter Mestizenaufstand unter Riel
1886	Eröffnung der transkontinentalen Canadian Pacific Railway
1905	Provinzen Saskatchewan und Alberta gebildet
1914–18	Kanada kämpft zusammen mit Großbritannien im Ersten Weltkrieg
1931	Westminsterstatut. Weitgehende Unabhängigkeit Kanadas
1939–45	Kanada kämpft auf alliierter Seite im Zweiten Weltkrieg
1949	Neufundland tritt dem Dominion bei
1960	Beginn der «stillen Revolution» in Québec («Maître chez nous»)
1967	Hundertjahrfeier des Dominions. Weltausstellung in Montreal
1970	Oktoberkrise in Québec. Kriegsrecht verhängt
1976	Olympische Sommerspiele in Montreal
1977	Die Charte de la Langue Française (Bill 101) macht Französisch zur einzigen Amtssprache in Québec
1980	Referendum in Québec resultiert in Niederlage der Separatisten
1982	Constitution Act: Kanada hat volle Verfassungshoheit – die britische Königin bleibt aber formelles Staatsoberhaupt
1988	Olympische Winterspiele in Calgary
1989	Freihandelsabkommen mit den USA tritt in Kraft
1992	Eine Verfassungsreform scheitert an mangelnder Zustimmung der Provinzen
1993	Das North American Free Trade Agreement (NAFTA) mit den USA und Mexiko tritt in Kraft
1994	Die separatistische Parti Québécois gewinnt ganz knapp die Wahlen in Québec
1995	Zweites Referendum in Québec: 49,7 Prozent gegen und 48,5 Prozent für den Verbleib in der Union – es fehlen den Separatisten nur 27000 Stimmen bis zur absoluten Mehrheit
1999	Der östliche Teil der Northwest Territories wird als Nunavut («Unser Land») zur eigenen «Provinz» (in Kanada hat eine Provinz mehr Autonomie als z. B. ein Bundesland in Deutschland) unter der Selbstverwaltung der Ureinwohner
2003	Verschlechterung der Beziehungen zu den USA und Präsident G. W. Bush, da Kanada nicht am Irak-Krieg teilnimmt. Schwere Niederlage der separatistischen Parti Québecois bei den Parlamentswahlen in Québec
2003/2004	Mehrere Verträge mit Ureinwohnern über weitgehende Landrechte
2004	Hohheitsrechtestreit mit Dänemark um eine Kleinstinsel namens Hans, zwischen Grönland und Ellesmeere Island gelegen
2005	Das letzte fehlende Abkommen über die Landrechte der Ureinwohner wird Gesetz: Eigentums- und Mitspracherechte sowie Selbstregierungskompetenzen der Inuit in Labrador (Labrador-Abkommen)

terra magica – DIE SCHÖNSTEN SEITEN DER WELT

Max Schmid / Beate Gorman
AUSTRALIEN
208 Seiten mit über 160 Farbfotos, davon 64 doppelseitige Farbtafeln, farbige Karte
Spektrumformat
ISBN 3-7243-0360-2

Oliver Bolch / Volker Hagemann
BALTIKUM · ESTLAND · LETTLAND · LITAUEN
180 Seiten mit 196 Farbfotos, davon 43 doppels. Farbtafeln, farbige Karte
ISBN 3-7243-0404-8

Björn Göttlicher / Andreas Drouve
BRASILIEN
208 Seiten mit 225 Farbfotos, davon 61 doppelseitige Farbtafeln, farbige Karte
Spektrumformat
ISBN 3-7243-0385-8

Petra Woebke
DIE TRANSSIBIRISCHE EISENBAHN MOSKAU – WLADIWOSTOK
208 Seiten mit 236 Farbfotos, 59 doppelseitige Farbtafeln, farbige Karte
Spektrumformat
ISBN 3-7243-0383-1

Max Schmid / Kristine Jaath
NORWEGEN
208 Seiten mit 200 Farbfotos, 68 doppelseitige Farbtafeln, farbige Karte
Spektrumformat
ISBN 3-7243-0372-6

Max Schmid / Helmut Hinrichsen
ISLAND
208 Seiten mit 203 Farbfotos, 67 doppelseitige Farbtafeln, farbige Karte
Spektrumformat
ISBN 3-7243-0375-0

Wolfram Müller / Katrin Pieringer / Kurt Stüwe
TIBET
208 Seiten mit 225 Farbfotos, 57 doppelseitige Farbtafeln, farbige Karte, **Spektrumformat**
ISBN 3-7243-0382-3

diverse Autoren
BURMA – REICH DER GOLDENEN PAGODEN
208 Seiten mit 261 Farbfotos, davon 61 doppelseitige Farbtafeln, farbige Karte
Spektrumformat
ISBN 3-7243-0390-4

Oliver Bolch / Kristine Jaath
GRIECHENLAND
Festland und Inseln
208 Seiten mit 254 Farbfotos, davon 60 doppelseitige Farbtafeln, farbige Karte
Spektrumformat
ISBN 3-7243-0388-2

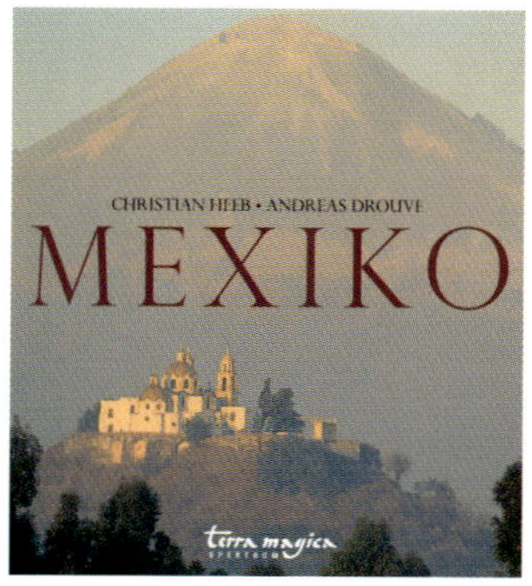

Christian Heeb / Andreas Drouve
MEXIKO
208 Seiten mit 232 Farbfotos, davon 65 doppelseitige Farbtafeln, farbige Karte, **Spektrumformat**
ISBN 3-7243-0392-0

Petra Woebke / P. E. Müller
DIE ALPEN
Europas Zauberberge
208 Seiten mit 176 Farbfotos, davon 64 doppelseitige Farbtafeln, farbige Karte
Spektrumformat
ISBN 3-7243-0389-0

Petra Woebke / Rainer Fußgänger
SCHWEDEN MIT LAPPLAND
208 Seiten mit 230 Farbfotos, davon 63 doppelseitige Farbtafeln, farbige Karte
Spektrumformat
ISBN 3-7243-0396-3

Max Schmid / Gunter Mühl
NEUSEELAND
208 Seiten mit 190 Farbfotos, farbige Karte
Spektrumformat
ISBN 3-7243-0371-8

Oliver Bolch / Urs Morf
THAILAND
208 Seiten mit 250 Farbfotos, davon 62 doppelseitige Farbtafeln, farbige Karte
Spektrumformat
ISBN 3-7243-0395-5

Max Schmid / Gabrielle Alioth
IRLAND
208 Seiten mit 193 Farbfotos, 66 doppelseitige Farbtafeln, farbige Karte
Spektrumformat
ISBN 3-7243-0387-4

Heinz Knapp / Kristine Jaath
ÄGYPTEN
208 Seiten mit 192 Farbfotos, farbige Karte
Spektrumformat
ISBN 3-7243-0370-X

Christian Heeb / Thomas Jeier
KREUZFAHRT IM HOHEN NORDEN
Island · Grönland · Spitzbergen · Norwegen
208 Seiten mit 233 Farbfotos, davon 52 doppelseitige Farbtafeln, 3 farbige Karten
Spektrumformat
ISBN 3-7243-0393-9

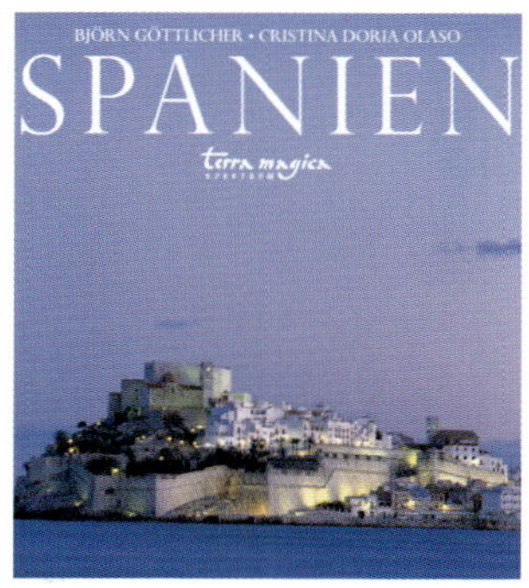

Björn Göttlicher / Cristina Doria Olaso
SPANIEN
208 Seiten mit 250 Farbfotos, davon 59 doppelseitige Farbtafeln, farbige Karte
Spektrumformat
ISBN 3-7243-0391-2

Verlangen Sie ausdrücklich terra magica!
In jeder Buchhandlung. www.terramagica.de

Provinzen & Territorien – Zahlen & Highlights

(Einwohnerzahlen Schätzung 2006)

Alberta

Fläche (km²): 661 848
Einwohner: 3 250 000
Hauptstadt: Edmonton
Touristische Highlights: Calgary Stampede, West Edmonton Mall, Banff National Park, Japser N. P., Waterton Lakes N. P., Writing-on-Stone Provincial Park

British Columbia – Britisch Kolumbien

Fläche (km²): 944 735
Einwohner: 4 250 000
Hauptstadt: Victoria
Touristische Highlights: Vancouver, Vancouver Island, Queen Charlotte Island, viele National- und Provinzialparks (Yoho, Kootenai etc.), Rocky Mountains

Manitoba

Fläche (km²): 647 797
Einwohner: 1 180 000
Hauptstadt: Winnipeg
Touristische Highlights: Eisbären an der Bucht bei Churchill

New Brunswick – Neubraunschweig

Fläche (km²): 72 908
Einwohner: 750 000
Hauptstadt: Fredericton
Touristische Highlights: Indian Summer, Hopewell Rocks, Bay of Fundy

Newfoundland and Labrador – Neufundland und Labrador

Fläche (km²): 405 212
Einwohner: 510 000
Hauptstadt: St. John's
Touristische Highlights: Avalon-Halbinsel mit Bird Rock, Gros Morne National Park

Northwest Territories – Nordwest-Territorien

Fläche (km²): 1 346 106
Einwohner: 43 000
Hauptstadt: Yellowknife
Touristische Highlights: Wood Buffalo National Park, Prelude Lake, Mündungsdeltsa des Mackenzie, spektakuläre Wasserfälle

Nova Scotia – Neuschottland

Fläche (km²): 55 284
Einwohner: 935 000
Hauptstadt: Halifax
Touristische Highlights: Halifax, Balancing Rock, Peggy's Cove, Louisburg, Lunenburg, Cabot Trail

Nunavut

Fläche (km²): 2 093 190
Einwohner: 43 000
Hauptstadt: Iqaluit (Frobisher Bay)
Touristische Highlights: Kultur der Inuit, arktische Wildnis

Ontario

Fläche (km²): 1 076 395
Einwohner: 12 500 000
Hauptstadt: Toronto
Touristische Highlights: Tausend Inseln, Oberer See, Toronto, Niagara- und Kakkabeka-Fälle, Indian Summer, Museen in Ottawa

Prince Edward Island – Prinz-Eduard-Insel

Fläche (km²): 5 660
Einwohner: 138 000
Hauptstadt: Charlottetown
Touristische Highlights: Badestrände und Dünenlandschaften, Leuchtturm-Museum

Québec

Fläche (km²): 1 542 056
Einwohner: 7 650 000
Hauptstadt: Québec
Touristische Highlights: Québec Stadt, Montréal, Gaspésie, Été indien (Indian Summer), Laurentides

Saskatchewan

Fläche (km²): 651 036
Einwohner: 980 000
Hauptstadt: Regina
Touristische Highlights: Sommer-Tanzfeste der Ureinwohner, verschiedene Parks (Cypress Hills, Grasslands, Prince Albert), Tierwelt

Yukon

Fläche (km²): 482 443
Einwohner: 31 000
Hauptstadt: Whitehorse
Touristische Highlights:Dawson City, Yukon Railway, Kluane National Park, Schaufelraddampfer